W0069169

Ror Wolf

Verschiedene Möglichkeiten, die Ruhe zu verlieren

Ein Lesebuch

Ausgewählt und kommentiert
von Brigitte Kronauer

Schöffling & Co.

Erste Auflage 2008
© Schöffling & Co. Verlagsbuchhandlung GmbH,
Frankfurt am Main 1999, 2007, 2008
Alle Rechte vorbehalten
Weitere bibliographische Nachweise im Anhang
Satz: Reinhard Amann, Aichstetten
Druck & Bindung: Pustet, Regensburg
ISBN 978-3-89561-116-2

www.schoeffling.de
www.wirklichkeitsfabrik.de

Verschiedene Möglichkeiten,
die Ruhe zu verlieren

Vorwort

Meine Mutter stand fremd und fern hinter der Kasse

»Mein Leben war uninteressant. Mein Leben war kahl, still, ereignislos und eigentlich nicht erwähnenswert. Mein Leben floß so dahin, es war ein unauffälliges Vorbeitreiben an ganz kleinen Bewegungen oder an gar nichts, von Anfang an bis zu diesem Moment, bis jetzt, wo ich vor Ihnen stehe, um Ihnen etwas aus meinen Leben zu erzählen.«

So beginnt die jüngste Geschichte Ror Wolfs *Die neunundvierzigste Ausschweifung* aus dem Jahr 2007. Vor dem sich dann rasch anschließenden Aufbruch des Ich-Erzählers in die freieren Welten der Phantasie, was bei Wolf als explosionsartiges Ausbrechen einer entfesselten Wirklichkeit zu verstehen ist, herrscht zunächst, als Startrampe, deren folgenreiches Gegenteil: die Langeweile grauer Sonntagnachmittage, ausgewachsen zur camera silens des reizarmen Normalen, zu einer für Bildhungrige farb- und geräuschlosen Kargheit konventioneller Existenz.

Mehr als dreißig Jahre zuvor hatte Ror Wolf über seine ersten Leseerlebnisse berichtet *(Später kam wieder was anderes)*, und dort finden wir, gleich zu Anfang bei der Schilderung seiner häuslich kindlichen Umgebung, Sätze wie den in der Überschrift zitierten oder: »Es war niemand da, der mir Geschichten erzählt hat«, »Mein Großvater saß schweigend auf dem Schusterstuhl, unablässig auf Sohlen und Absätze einschlagend, die Zwecken zwischen den Lippen«, »Meine Großmutter schaute zum Fenster hinaus und vertrocknete stumm«. Kein Wunder, daß eine derartige Wortlosigkeit und Handlungsaskese das Kind mit der Macht eines Naturgesetzes zu den auf ihn wartenden Abenteuerlichkeiten des Geschriebenen treibt.

Hier, in den familiären Defiziten, könnte also, autobiographisch vom Autor beglaubigt, das Motiv für die überall beim Schriftsteller Wolf aufzuspürenden Fluchten und Expeditionen ins Außergewöhnliche liegen, dem nun aus Notwehr selbst hergestellten. Anzufügen wäre nur, daß der Autor im wesentlichen zeitlebens dieses, durch die mehrheitlichen Vereinbarungen über das, was ist und was nicht ist, kaum zu zügelnde Kind geblieben ist. Unsere übliche Realität erscheint ihm, auch wenn in ihr, anders als in seiner stummen heimatlichen Umgebung im thüringischen Saalfeld, noch so viel geredet und geschwafelt wird, genauso öde wie dem Sechsjährigen die seine, bevor er das Lesen lernte und dabei seine eigene imaginäre Gesellschaft entdeckte.

Nirgendwo treten diese Zusammenhänge, genau im Schnittpunkt von Fiktion und Autobiographie, schlagender und für Wolfsche Verhältnisse ungeschützter zutage als in den *Mitteilungen aus dem Leben des Vaters* (1968). Die uns von klein auf verordnete Realität, eine »schematische Wirklichkeit« als fremde, ferne Mutter, als streng reglementierender Vater schafft es, wenn keine Gegenwehr, kein Ausreißen riskiert wird, daß wir ihr schließlich zum Verwechseln ähnlich werden.

Als ich in den sechziger Jahren zum ersten Mal Texten Ror Wolfs in Gestalt von *Pilzer und Pelzer* begegnete, war der Eindruck eines Aufruhrs und Widerstands gegen die vorherrschende Literatur – was für mich bedeutete: gegen die atemabschnürende allgemeine Interpretation von Leben – ein ungeheuerlicher, befreiender. Das hatte kaum mit dem zu tun, was Gisela Dischner sehr intellektuell 1972 unter dem Titel *Das Ende des bürgerlichen Ichs* zur Prosa Ror Wolfs analysierte: »Wolf zeigt, was mit den in ihrer ›Menschlichkeit‹ aufs Private reduzierten Menschen geschieht. Ihre Erinnerungen und Empfindungen werden austauschbar, der Doppelcharakter der Ware als Gebrauchswert

8

›Privatheit‹) und Tauschwert (Öffentlichkeit, politische und geschäftliche ›Sphäre‹) hat die Menschen in der bürgerlichen Gesellschaft selbst so weit deformierend geprägt, daß ihre private Innerlichkeit und Ich-Autonomie ganz zur Farce werden – sie enthüllen sich als eigentlich einander entfremdete, isolierte Monaden, als welche Leibniz sie positiv zu definieren meinte.«

Das Anbranden des Wolfschen Universums eröffnete mir eine energiestrotzende, sich selbst genügende Antiwelt, die als Nebenprodukt in aller Schärfe die Ärmlichkeit und Scheelheit der offiziellen vorführte. Hier sprang jemand, wie ich es nie für möglich gehalten hätte, mit den Scherben von Realität und Geschichten um, deren Bau, Dramatik, Ablauf also durchaus nicht für alle Zeit von bemoosten Autoritäten festgelegt waren, jonglierte mit Alltäglichkeiten, Sensationen, manischen Verengungen und Katastrophenmeldungen nach Gusto und Bedarf. Das reichte von sachter Verfremdung, etwa durch ungewöhnliche, plötzlich um so plausiblere Adjektive (»geschwollene Badewanne«), bis zur Raserei sich überschlagender, in der Eile Raum und Zeit auflösender Ereignisdichte. Statt psychologisch überschaubar sich anbahnender Handlungen samt Höhepunkt erschienen Gruppen, Massen von Dingen und Lebewesen, denen der Autor ein Rascheln, einen einzigen Seidenunterrock entgegensetzte, der sie zum Verschwinden brachte. Saftige Essensschilderungen waren durchschossen von Abstraktionen, Generalisierungen, Begrifflichkeiten, die in ihrer Verquertheit zu wahrer Eleganz aufliefen. Man stutzte. Das eine führte in komischer Steigerung das andere vor. Die Frage nach Motivation, Einordnung, Sinn, Wahrscheinlichkeit stellte sich mir nicht im geringsten. Ich habe nicht mal auf den Inhalt geachtet. Es prägten sich allerdings Einzelbilder um so stärker ein, etwa gebückte Frauen bei der Kartoffelernte, das Sterben eines Pferdes.

Hier gab es nämlich endlich nichts zu fackeln: Der Angriff steckte in der Form! Es kam mir so vor, als hätte jemand eine Suppe, auf der sich seit Ewigkeiten Haut gebildet hatte, heftig umgerührt oder einen Stein in einen zu lange stillstehenden, veralgten Teich geworfen oder eine Glasscheibe, die von den Schwaden und von der Bedeutungsschwerfälligkeit einer prächtig für den Schulunterricht an Oberstufen geeigneten Nachkriegsliteratur blind geworden war, in tausend Stücke geschlagen, so daß die Splitter auf einmal ein wild rotierendes Lichtgefunkel entfachten.

Dieser Autor konfrontierte den Leser nicht mit lebenskundlichen Erkenntnissen in verschlissenen Kleidern, nicht mit Moral und Message, die man gut, gerne und vielleicht sogar treffender in einem knappen Satz hätte resümieren können. Er tröstete oder, je nachdem, belästigte niemanden mit solcherlei Gemütlichkeiten. Statt dessen bombardierte er ihn, meist sehr komisch, immer anschaulich, mit der krassen Formensprache einer dem Trott entwurzelten Realität, die daraufhin zur unberechenbaren, in ihren Möglichkeiten nicht begrenzten, nur phasenweise vertrauten Wirklichkeit wurde.

Als ironisch beschwichtigenden Hinweis auf eine gute alte Zeit gab es in ihr Männer, die, ganz Belle Époque, Zigarren rauchen, Zylinder tragen und auf Dampfern das Leben genießen. An diese sprechenden Relikte geklammert, boten sie jedoch keine Gewähr für irgendeine Beständigkeit, erinnerten nur des schreienden Kontrastes wegen an sie, tun es bis heute leitmotivisch in der Wolfschen Prosa, und sind unvermeidliches Erkennungssignal eines sowohl onkelhaften wie lebemännischen Savoir-vivre. Hinter den beschwichtigenden Entrückungen ins Altertümliche (für die der Autor zweifellos, neben der scheinheiligen Vorliebe, auch eine ungebrochene hegt!) kann man die wohlwollende Verspottung bürgerlicher Erwartungen lesen, es möge, wenigstens im Buch, doch alles so bleiben,

10

wie es einmal war, beziehungsweise: Wenn sich schon die Welt und ihr Lifestyle unter unserer herzhaften Beteiligung ändern, soll man sie sich am Feierabend beim kultivierten Schmökern weiterhin so zu Gemüte führen dürfen, als lebten wir noch im neunzehnten Jahrhundert und seinem Roman.

Die hektische Lustigkeit Ror Wolfs ist da weniger süffig. Über dem Werk liegt die Tücke seines Bruders im Geiste, Robert Walser, der zwar mutmaßte, Literatur sei dazu da, um von Differenziertheiten angenehm abzulenken – dann aber nichts anderes tat, als in seiner Prosa ununterbrochen »Differenziertheiten« herzustellen.

Ror Wolfs Helden geraten in eine bedrängende, nämlich unreglementierte, unter ihren reduzierenden Beschilderungen wieder hervorwuchernde Wirklichkeit, in der sie sich nur mit großer Anstrengung zurechtfinden. Der gesunde Menschenverstand, der die konventionelle Verbuchung der Sinneseindrücke zu leisten hätte, fehlt ihnen von vornherein oder kommt ihnen abhanden.

Einem Leser, der tatsächlich frontal zum Abenteuer bereit ist, geht es nicht anders als den Figuren dieses zwischen Starre und wüsten Turbulenzen pulsierenden, unter Strom stehenden Kosmos, in dem Bewegung wie im richtigen Leben wichtiger ist als ein aufwendig inszenierter plot. Immer wieder lösen sich die stillstehenden Szenen, die gefrosteten Augenblicke aus ihrer Statik und geraten ins Sausen und Zappeln, in einen Flush von Wiederholungen, Variationen, Schleifen, versteifen sich erneut zum Tableau und beginnen zu fließen. Die Bilder umschlingen sich, gehen zu Bruch, katastrophale Wirklichkeitsteilchen sind umgeschmolzen in geschmeidiges Material, in Noten, in Töne, sind leichtsinnig bis zur Frivolität und zugleich Rache des Schriftstellers an den überaus wiedererkennbar grauenhaften, kaum auszuhaltenden Zuständen der Welt.

»Selbstverständlich ist Manipulation im Spiel: Raffung und Ballung, Aufsplitterung und Neuzusammensetzung von Sätzen und Satzfolgen und Spielverläufen«, schreibt der Autor in einem »Abschließenden Wort zum Fußball« (1980). Das gilt dort für seinen Umgang mit den »gewaltigen Wortstrudeln der Reporter«. Man kann die Methode aber unbedenklich auch auf Wolfs Behandlung zunächst wortloser Ereignisse beziehen. Sie treten auf als unentwegte und machtvolle Prozesse des Entgleisens, Aufblühens, Ersterbens, Anschwellens, Verwesens, des Erfrierens, der Essensaufnahme, des Verschwindens, der Zusammenbrüche, des Verführens und Hinsinkens, des Schlachtens, als enorm wuchernde Pilzgeflechte und Überpelzungen von Leben und Landschaft.

Um jedoch Schein und Ansehen der Ordnung zu wahren, gibt es in Wolfs Werk jene, das angerichtete oder offengelegte Chaos konterkarierenden, »Ratschläger« und »Wirklichkeitslehren«, die nach streng alphabetischer, aber launisch lückenhafter Reihenfolge Phänomenen der Natur und menschlichen Peinlichkeiten in gravitätischer Manier zu Leibe rücken. Belächelt wird dabei weniger ein großväterlicher Lexikonstil als die durchaus zeitgenössische Hilflosigkeit all unserer Definitions- und Orientierungsbemühungen gegenüber dem nicht zu Bändigenden. Wir sind eben nicht pausenlos modern, sondern partiell sehr altväterlich durchmischt!

Er verhalte sich nicht gattungskonform, so Ror Wolf in einem Interview von 1993, weil er das schreiben wolle, was er schreiben möchte. Bescheidener und korrekter läßt es sich nicht sagen. Denn das Wesentliche bei der Literaturproduktion besteht selbstverständlich weder im Anarbeiten gegen einen Kodex noch in dessen virtuosem Erfüllen. Zentral ist für den Schriftsteller, jeweils seine sehr persönliche Wahrheit und Nichtübereinstimmung mit der vorgefundenen Weltinterpretation zu artikulieren, also größte Wirklichkeitsnähe nach dem Maß seiner Beobachtung und Empfindung anzupeilen. Nur dieser Ehrgeiz garantiert das Weiterexistieren von Literatur als Gattung der Kunst. Allein diese alt-ehrwürdige Ambition hat zu allen Zeiten dem Leben Kraft und Glanz inzwischen vielleicht »natürlicher«, aber keinesfalls einfach von Nachgeborenen ohne Substanzverlust wiederholbarer Formen abgetrotzt.

Immer wieder stößt man bei diesem Schriftsteller auf eine bestimmte Provokation. Die Welt scheint ihm dort, wo er am radikalsten ist, lediglich Bilder, Gegenstände, Begriffe zu liefern, damit er sie als Ingredienzien für seine beweglichen Gemälde nutzen kann, als Zutat und Gewürz für seine ›Mahlzeiten‹. Gleichzeitig sagen all diese von Wolf entworfenen Panoramen: Nicht die Welt unter dem alten Geschichtenhut, sondern das hier ist, wenn nicht identisch mit der Struktur der wahren Wirklichkeit, so doch ihr viel ähnlicher und mit ihr verwandt!

Blickt man von heute aus auf die bisher vorliegende Prosa Ror Wolfs, erlebt man Erstaunliches. Das zunächst Befremdliche seiner aufrührerischen Formensprache, das entschiedene Setzen auf Form zu einem Zeitpunkt, als – abgesehen von einigen Ausnahmen – statt Literatur Betroffenheit, Botschaft, Besinnlichkeit dominierten, erweist sich plötzlich als früh entworfene Gestalt eines inzwischen allgegenwärtigen Lebensgefühls.

Wolf hat sich zu kulturkritischen Äußerungen weder hinreißen noch breitschlagen lassen. Deshalb wurde sein diesbezüglicher Impetus, die andere, eher alptraumartige, apokalyptische als surreale Seite seiner akrobatischen Prosa-Exzesse, kaum bemerkt. Künstlerische Form infiltriert hinterrücks und, wenn sie sich wie hier am rohen Leben entzündet, viel nachhaltiger als Behauptungen. Sie bewahrheitet sich körperlich.

Und ausgerechnet in präzisester Inhaltlichkeit.

Das, was man bei Wolf gern als absurd, als wunderlich abgründige Unterhaltung genoß (und es sich damit zu leicht machte, denn es geht ja nicht um einen charmant kauzigen Springinsfeld, sondern um eine erhebliche Zumutung mit nicht zu übersehenden Möglichkeiten zu Ekel, Mitgefühl, Sadismus), ist formal zu unserem täglichen Erleben geworden, ob wir uns davon Rechenschaft geben oder nicht, ob die vorherrschende Literatur das spiegelt oder überstülpt.

Damit sind nicht allein der an phantastische Kopflosigkeit grenzende Tourismus auf Abenteuerjagd um den Erdball herum gemeint und die Wichtigtuerei des medialen Kommentierens/Theoretisierens anläßlich banalster wie schwerwiegender Ereignisse, ohne daß noch Hierarchien zu erkennen wären. Unser ursprünglich womöglich halbwegs individuelles Bewußtsein ist bedröhnt von einer jedermann überfordernden, nicht mehr organisierbaren Masse collagierter, montierter Wissens- und Nachrichtenfetzen. Ein nervöser Zustand, den wir in merkwürdiger Süchtigkeit nach Vermengung von Tatsachen und Simulation durch zerstreut gieriges Zappen zwischen Tagesschau, Werbung für Salatsauce, Oper, Rasierschaumreklame, Sportschau, Erotikdrama, Terror noch freiwillig verstärken. Die (westliche) Realität: eine Kolportage der Wirklichkeit, eine Fiktion ohne Anfang und Ende, gleichgültig, grausam, ohne Zusammenhang, unverständlich, durchsexualisiert, dazwischen in Tupfern und Flusen tränenselig gefühlvoll. Und schon wieder vorbei. Zugleich von gußeiserner Beschaulichkeit, maßlos in der Nachfrage nach Katastrophen, die wir, wie es uns die anachronistischen Reisenden Ror Wolfs vorexerzieren, letzten Endes biedermännisch als Überlebende und Noch-Entschlüpfte zum Frühstück und abends auf dem Sofa, hin und wieder flüchtig exaltiert, an uns vorüberziehen lassen.

Auf die Bemerkung, er mache es dem Leser nicht gerade einfach, antwortete Ror Wolf: »Ich will es ihm nicht leichter machen, als es ihm die Welt macht.« Und doch tut er genau das. Denn er ahmt ja weder die zur Norm und in ihrer Grellheit ebenfalls grau gewordenen zivilisatorischen Zerrüttungen und Idiotien schlicht nach, noch mault er daran herum. Er reagiert, noch einmal, durch Form! Ich bin fast sicher, im Gehirn dieses Autors sitzt ein hervorragend funktionierender Verwandlungsapparat, der aus Stroh und Dreck automatisch Gold fabriziert und aus Verneinung Melodie.

Andernfalls muß es sich wohl, frei herausgesagt, um das generöse Lächeln großer Kunst handeln, über dessen heikle Herkunft man sich allerdings nicht und nie täuschen sollte.

Brigitte Kronauer

| Abgrund. Es ist gefährlich, zur Zeit eines Sturmes an einem Abgrund entlangzugehen. Ein unvermuteter Windstoß kann den Spaziergänger aus dem Gleichgewicht bringen oder ihm unversehens den Hut vom Kopf wehen. Der Spaziergänger will danach greifen, er stolpert, rutscht aus, fällt hinab und verliert am Ende das Leben. Es wird in diesem Fall nicht darauf ankommen, was danach passiert.

| Arbeit. In manchen Kreisen ist die Anschauung vertreten, das Verrichten gewisser Arbeiten, namentlich schwerer Handarbeiten, verstoße gegen den guten Ton. Das ist grundfalsch. *Weder die Befriedigung der Eitelkeit, noch der fieberhafte Sinnentaumel – nichts gleicht jener ruhigen Freude, jener berechtigten Selbstzufriedenheit, welche die Arbeit dem Fleißigen als echten Lohn gewährt*, sagt Collunder.

| Arbeiter. Was im Artikel *Dienstboten* über diese gesagt ist, gilt auch vom Verhältnis zwischen Arbeitgebern und Arbeitern jeder Art. Man dehne die Arbeitszeit nicht über Gebühr aus und schmälere nicht die Löhne der Arbeiter aus selbstsüchtigen Gründen. Auch hier gehen die moralischen Maximen mit dem eigenen Vorteil Hand in Hand; denn ein vom Geist wahrer Arbeiterfreundlichkeit erfülltes Etablissement steigert die Arbeitslust und erweckt Anhänglichkeit. – Man urteile mild, wenn Arbeiter in ihrer dürftigen gedrückten Lage sich manchmal zu unwirschen und derben Ausdrücken hinreißen lassen und bedenke, daß sie mit den gewählten Ausdrücken des Salons nicht vertraut sind.

Bevor ich geschrieben habe, habe ich gelesen. Bevor ich gelesen habe, habe ich geschrieben. Aber bevor ich geschrieben und gelesen habe, habe ich mir Geschichten erfunden, in die ich nachts wie in den warmen Bauch hineinkriechen konnte.

Es war niemand da, der mir Geschichten erzählt hat. Mein Vater war auf Reisen mit vielen Grüßen. Meine Mutter stand hinter der Ladenkasse und sagte nicht viel. Mein Großvater saß schweigend auf dem Schusterstuhl, unablässig auf Sohlen und Absätze einschlagend, die Zwecken zwischen den Lippen. Meine Großmutter schaute zum Fenster hinaus. Dort sah sie den Spitzberg, den Roten und den Breiten Berg und den Schwarzen Berg und hat mir keine Geschichte erzählt.

Anfang neununddreißig verbrachte ich einige Zeit mit der normalen Schreibschrift nach Ludwig Sütterlin.

Danach folgte die Einübung in die Druckschrift. Mein Vater war mit einer grauen Mütze verschwunden. Meine Mutter stand fremd und fern hinter der Kasse. Mein Großvater war vom Schusterstuhl gefallen und tot. Meine Großmutter schaute zum Fenster hinaus und vertrocknete stumm. Ich las:

der Tisch ist rein. Tasche. Tinte. Tante

die Dose ist rund. Dach. Docht. Daumen

da du dem doch und rund

der Sand die Hand

der Koch das Loch

der Zeiger zeigt die Zeit

Ich las: *ich lese ich rechne ich male ich laufe ich lache ich höre ich sehe ich rufe ich freue mich.*

Das war also die erste Begegnung mit dem Gedruckten. Ein Abenteuer. Ein Lese-Erlebnis. Ich machte mich auf und davon mit Strohhalm, Kohle und Bohne zum Berg Semsi.

Ich rief: Eisenhans! und er kam aus dem Wald heraus. Der fliegende Robert riß mich hinauf in die Luft, wo ich fortflog. Aber nun saß ich wieder da. Diese Zeit war vorbei. Robinson, Rübezahl, Siegfried und Sigismund Rüstig; alles war durchgespielt in der Essigfabrik mit Kowalski und Kürbis; oder im Schuhlager zwischen dem Ledergeruch in den Regalen.

Ich weiß nicht, war das erst Robinson, der für die Jugend gestutzt und verkürzt durch den Sand gegangen ist mit dem Palmenschirm? oder vielleicht lag doch eher Gulliver mit seinem einen Fuß im Meer und mit dem anderen in einer ganz anderen Gegend. Eines Tages hatte ich angefangen zu lachen. Ich hatte ein Buch in der Hand und las dieses Wort: *Lederstrumpf*. Das war, fand ich, ein außerordentliches Wort, das war unwiderstehlich: *Leder-Strumpf*. Ich habe fast einen Tag lang gelacht, obwohl ich einen Wattebausch mit dem Mittel Po-ho im Backenzahn hatte. Aber ich lachte trotzdem über dieses Wort: *Lederstrumpf*. Und wann bitte war das? war das vierzig oder einundvierzig? oder früher? oder noch früher? jedenfalls war diese Zeit vorbei.

Läßt sich jetzt, wo ich zu graben beginne, dieses erste Lese-Erlebnis unbeschädigt ausgraben? Oder war es nicht vielmehr eine ganze Reihe von Erlebnissen mit Büchern, die inzwischen zusammengewachsen sind? Da fällt mir ein: Bobby Box, eine sehr wichtige Bekanntschaft, eine Figur aus dem Cigarettenbilder-Album, gemischt aus Charlie Chaplin und Harry Langdon. Kein erlesenes Lese-Erlebnis, aber ich habe Bobby Box geliebt und ich liebe ihn heute noch.

Karl May? sechzig Bände mit aller Macht und Wucht; aber das war später. Frank Allan, der Rächer der Enterbten; alles später. Vorher kam noch die Zeit der Kriegshefte. Niemals ist etwas nach dem Lesen spurloser aus meinem Kopf verschwunden als diese endlose Kette von Siegen und Siegen und Siegen. Allenfalls ein paar Titelstümpfe kommen beim Ausgraben zum Vorschein: *Stoßtrupp Soundso/Calais sturmreif* ja *Mölders und seine Männer* oder war es Prien? also gut: *Prien und seine Männer* in dieser Zeit mit Fanfarenstößen und Sondermeldungen, in der Schurschill, der dicke Lügenlord und der schwarze dünne Schamberlein eins nach dem andern auf die Nuß bekommen haben. Ich zog die Verdunklung herunter und las wahrscheinlich *Panzerspähwagen westwärts*. Oder ich saß nachts im Keller, mit dem Brummen darüber und gelegentlich mit den fernen, aber wirklich noch sehr fernen Detonationen und las: *Bomber über Dünkirchen*.

Diese Zeit war noch längst nicht vorbei. Doch eines Tages saß ich vielleicht in der Stube. Ich hatte die Raupen, die damals in ungeheuren Schwärmen über den Kohl wanderten, mitten im Fressen abgerissen und in den Bottich geworfen. Oder ich hatte Schnee geschaufelt vor der Haustür und Viehsalz gestreut. Und was nun? Vielleicht bin ich aufgestanden zweiundvierzig oder dreiundvierzig im Sommer oder im Winter und habe mich auf den Weg zum Herrenzimmer gemacht. Rechts entlang, an der Küche vorbei, in der es wahrscheinlich dampfte, weiter den langen Gang entlang, am Klosett vorbei, wo die Sonne hineinstach, durch das menschenleere Schlafzimmer und weiter durch eine neue Tür in einen anderen Gang, drei Stufen knarrend hinunter, links mein Zimmer, dann, ebenfalls links, das letzte Zimmer, das Herrenzimmer, in dem es im Sommer sehr heiß und im Winter sehr kalt war. Nehmen wir an, es war Sommer, dann war es sehr heiß. Oder nehmen wir eine gemäßigte Jahreszeit an, weder heiß noch kalt. Aber das spielt keine Rolle. Worauf es jetzt ankam, waren die schönen ledernen Bücherrücken. Goethe und Ganghofer und Dostojewski und Rosegger und so weiter in vielen Reihen hintereinander. Ich bin an diesen Rücken vorbeigegangen und habe etwas gesucht und nichts gefunden, und darum bin ich den ganzen Weg, den ich beschrieben habe, wieder zurückgegangen und bin hinausgegangen und die Saalstraße hochgegangen, dann durch die Brudergasse gegangen und rechts durch die Klostergasse zum Schießteich gegangen, oder, um eine Abkürzung auszuprobieren, zwar durch die Brudergasse gegangen, aber nicht durch die Klostergasse, sondern durch die Hans-Schemm-Straße gegangen, bis zum Schießteich. Und ich ging und ging und trat schließlich in einen Laden hinein, in dem Herr Ost neben den Ausrüstungsgegenständen für Briefmarkensammler auch Wunderkerzen, Taschenspiegel, Lakritzestangen aus Pferdeblut, unübertreffliche Murmeln und Gummischützer, sogenannte Frommser, prachtvolle Preßbilder, Trillerpfeifen und Zündblättchen für sanfte Pistolen, perlenbestickte Portemonnaies und andere Dinge von unschätzbarem Wert führte und zu alledem auch eine Leihbücherei betrieb. Dort also fand im Jahr zweiundvierzig oder dreiundvierzig eine für diesen Beitrag wichtige und für meine Zukunft entscheidende Begegnung statt. Ich entdeckte, im Hintergrund, unterhalb von Heimatromanen und Liebesromanen, etwas im Dunkeln des Ladens, gebückt in der Nähe des Fußbodens, schmächtig und fleckig, in einem finsteren feierlichen Moment, eine Reihe von Büchern eines Mannes, dem ich hiermit mein erstes Lese-Erlebnis zuschreibe. Dieser Mann hatte einen Bart.

Was mich im Handumdrehen für ihn einnahm, waren die Illustrationen. Dann auch die Titel: *Die Leiden eines Chinesen in China / Ein Drama in den Lüften / Das Dampfhaus.*

Nehmen wir an, es war dreiundvierzig. Dann hatte ich also im Jahr dreiundvierzig, vielleicht gegen Abend, vom Schießteich aus, Hans-Schemm-Straße, Brudergasse Richtung Saalstraße, ein kleines bräunliches Buch aus dem Verlag Hartleben in der Tasche. Ich ließ die Verdunklung herunter. Ich blätterte ein bißchen herum. Plötzlich wurde ich eingesogen in dieses Buch; aufgeschluckt von einem Autor: Jules Verne.

Was wollte ich eigentlich damals haben? Das, was der Verlag Hartleben im Klappentext annoncierte? *einen Autor, aus dessen Schriften man so leicht belehrt, so angenehm unterhalten werden kann*? Ich wollte mich nicht belehren lassen. Auch nicht auf angenehme Weise. Ich war auf der Suche nach Lesegrotten, in die ich hineinspazieren konnte, in denen ich mich verlaufen konnte.

Diese Begegnung ist nicht ohne Folgen geblieben. Etwas glüht nach von damals, von den Überraschungen und Verblüffungen im Umgang mit seinen Büchern; und etwas von heute strahlt zurück auf dieses Erlebnis; etwas von heute, wo Jules Verne ganz in der Nähe von Kafka und Beckett und Robert Walser in meinem Regal steht.

Lesen und Leben sind bei mir, meine ich, zu stark miteinander vermischt. Das eine ist ohne das andere nicht denkbar. Aber gerade deshalb ist es auch schwer, mit Sicherheit zu sagen, *was* damals diesen außergewöhnlichen Eindruck auf mich gemacht hat. Seine Komik, seine Phantastik, seine eigenartige Poesie haben mich wahrscheinlich mehr fasziniert als das technische Inventar. So wie ich heute (und auf die Kopulation zwischen zwei Zeitabschnitten kommt es mir an) Verne nicht als den großen technischen Vorausschauer sehe. Das, was er an technischem Beiwerk anbietet, kann man ohne Mühe auch in den zeitgenössischen illustrierten Zeitungen, in Reiseberichten und Sachbüchern nachlesen. Verne hat das auch gelesen. Er hat alles geplündert, was ihm in die Hände kam. Er schnitt, sammelte, klebte wieder zusammen; und aus diesen Fetzen entstanden unerhört bizarre Bilderbogen mit merkwürdig zusammengeschrumpften Perspektiven.

Er ist nicht der Erfinder der Ballone und Unterseeboote und Flugmaschinen; aber er setzt sie in Bewegung und sie bewegen sich nach seinem Kommando in seinen Büchern, die zugleich magisch sind und real, komisch und melancholisch, grausam zärtlich entsetzlich und poetisch und fratzenhaft und fabelhaft. Und dabei stellt er wie spielend eine sich fortwährend verändernde Umwelt dar.

Eine Zeit war Jules Verne aus meinem Leben verschwunden, aber 1960, gegen Abend, tauchte er plötzlich wieder auf. In einer Collage von Max Ernst: in der Ballongondel zusammen mit Fantômas und Dante, etwas in der Hand haltend wie ein Barometer oder ein Hygrometer oder ein Manometer.

Und wieder kurze Zeit später erschien er beim Blättern in alten illustrierten Zeitschriftenbänden, die mir die Antiquare damals fröhlich und rasch aus ihren Abstellkammern geholt haben, und die ich für etwas Kleingeld in großen Koffern nach Hause schleppte.

In der *Leipziger Illustrierten*, Jahrgang 1875, las ich: »Man liest diese Bücher anfangs mit Kopfschütteln. Wer soll heutzutage ganze Bände voller Windbeuteleien und Phantastereien lesen. Da ist die Zeit zu kostbar dazu, bald aber findet man, daß die Phantasie des

Autors nur Beiwerk ist. Daß uns der Verfasser in allem Ernst« (in allem Ernst! na also) »populäre wissenschaftliche Vorträge hält. Er ist ein verkappter Professor.«

Für Phantasie war also keine Zeit da. Auch 1875 nicht. Ein verkappter Professor!? Wohl doch eher einer, der sich als Professor verkleidet hat, um seine Windbeuteleien und Phantastereien an den Leser zu bringen. Nicht seine kolossalen Auftürmungen von Fakten, Zahlen und technischen Mitteilungen hatten mich fasziniert. Ich wollte Platz haben für meine Phantasie.

Und als ich im Jahrgang 1878 der Zeitschrift *Das Neue Blatt* las: dieser Mann belehre ja gar nicht, er »verwirre« vielmehr, weil er »die Grenzen zwischen der realen und der phantastischen Welt absichtlich verwische«. Na bitte. Ich glaube in diesem Moment hatte mich Jules Verne ganz verwirrend und ohne allen Ernst wieder für sich gewonnen. Und heute kommt es mir vor, als seien auch seine wütenden und hinterlistigen und opulenten Angebote von Details, seine stampfenden Wortreihen so etwas wie eine Vorwegnahme einer poetischen Methode von heute.

Dieser Mann mit dem Bart, der so fest auf dem Boden der Zahlen, Fakten, Belege zu stehen scheint, er springt fortwährend hinaus in eine knollige wuchernde sinnliche seltsam komische Landschaft, er springt schnaubt und fliegt in die Luft oder taucht hinab. Er bewohnt eine Welt, in der es zischt, pfeift und knallt und in der überall die mit Zahlen, Fakten, Belegen gefüllten Mundblasen aufsteigen und zerplatzen. Er läßt seine Phantasie tanzen, wie Robert Walser es mit den Worten macht.

So schwirrte ich atemlos mit Jules Verne eine Zeit durch die Gegend, bis er von der krachenden Faust Old Shatterhands zu Boden geschmettert wurde. Dann bestieg ich mein Pferd und ritt ein paar Jahre mit Bärentöter und Henrystutzen beim Untergang der Sonne davon. Schließlich verschwand ich am Horizont. Später kam wieder was anderes. Und so ging es weiter. Und am Ende war Jules Verne wieder da und rief unerhörte und folgenreiche Worte. Ich glaube, so war es.

I Bergstürze oder Bergschlüpfe sind insgesamt, und zwar Fels-stürze ebenso wie Erdfälle, auf dieselben Ursachen zurückzuführen und äußern sich gleichermaßen verheerend in ihrer Wirkung. Die Berge werden durch außergewöhnliche Regengüsse erweicht, ein Zusammenbrechen der gelockerten Gebirgsmassen ist in der Folge der Vorgänge nicht zu vermeiden, unter furchtbarem Donner und Dampf sinken sie brüllend hinab in die Ebenen; die sehenswertesten Täler werden in wenigen Augenblicken verschüttet, die prachtvoll-sten Waldungen umgerissen und unter Trümmern begraben, die reinlichsten Dörfer zermalmt, die Seen und Flüsse in größter Ge-schwindigkeit ausgeleert, und alles wird schnell vom Schlamm in die Ferne gedrückt. – Danach geschieht eine Zeitlang nichts Nennens-wertes; es wächst und richtet sich auf und schimmert und strahlt in der größten Ruhe und ist nun sogar noch viel schöner als früher.

I Brunft. Die Brunft beginnt im September mit einem leichten Ver-schlußgeräusch, mit einer leicht aus den Lungen hervorgetriebenen Säule, die an die fest verschlossenen Lippen prallt und durch das plötzliche Öffnen in die trockene lautlose Welt hineindringt. Die Brunft beginnt mit dem B. Dem B folgt das R, ein wilder, zitternder

Laut, der über die Berge rollt und in einen schwarzen, entsetzlichen Abgrund stürzt. Dort bricht aus der Tiefe das U heraus, das gewaltige U, der dumpfste aller Vokale, der dadurch entsteht, daß die Zunge nach hinten gezogen und in ihrem hinteren Teil zum Gaumen emporgehoben wird, während die Lippen sich zu einer kleinen netten flaschenhalsartigen Ausflußöffnung runden. Die Brunft beginnt in der Tiefe mit einem großen, ruhigen U. Danach kommt das N, bei dem man die Luft zur Nase herausfahren läßt, über die niedergestreckte nackte Natur. Dem N folgt das fette gefährliche F, ein tonloser Reibelaut, bei dem wir die oberen Schneidezähne zart auf die Unterlippe setzen und zwischen beiden die Luft hindurch und hinaustreiben, über die feuchten Fensterbretter, über die Fliesen der Fleischhauereien, der Fischhandlungen, der feinen Friseurgeschäfte, bis zu den fernen fauchenden Farbfabriken. Am Ende wird schließlich das harte gewaltige T hervorgestoßen, wobei sich der vordere Teil der Zunge dem Gaumen nähert, während die Spitze widerwärtig herabhängt. Das ist die Brunft oder, wie Klomm sagt, die Paarungsbereitschaft.

Im folgenden Text des fünfundzwanzigjährigen Ror Wolf zeigt sich in der Mischung bereits Unverwechselbares: das Inventar, das Motiv von Flucht und Aufbruch, das flutende Herandrängen und Wuchern der Sätze, der subjektiv phänomenologische, nicht psychologische Blick auf Alltägliches wie Sensationelles, die Lust an Benennungen, die Vorahnung späterer textlicher Höchstgeschwindigkeiten.

Hinter meinem Haus habe ich jetzt einen Teich entdeckt. Ich erinnere mich nicht, ihn früher dort gesehen zu haben, aber gestern, bei einem Abendspaziergang, stand ich plötzlich vor ihm. Ich sprang, nachdem ich in die Hose gefahren, in die Schuhe getreten, in die Jacke geschlüpft war, mit einem Satz aus der Tür und sah ihn liegen. Ich hatte die Hintertreppe genommen, die Tür aufgestoßen, da lag er, mit seinen schönen weit ausschwingenden Rundungen, vom Mondlicht beschienen. Ich hörte in diesem Moment das Anschlagen der Wellen und das Geschrei der Möwen, die über ihn hinstrichen, das Quaken der Frösche im Röhricht, das Schmatzen der Fische, die über den Wasserspiegel hinaussprangen und zurückfielen. Mit einem Sprung aus der Tür stand ich vor ihm und dachte, wobei ich den Geruch von Teichrosen einsog und den Hut, den ich bei meinen Spaziergängen nicht vergesse, abnahm: gewiß, es ist kein großer Teich, das ist richtig, aber er hat doch, wenigstens für meine Vorstellungen, überraschende Ausmaße. Ich wundere mich, daß ihn außer mir niemand bemerkt zu haben scheint. Meine Nachbarn reden nicht davon, sie gehen herum mit ihren Gesichtern, die Hände um die Hosenträger gekrallt, kauen ihre Sonnenblumenkerne und führen, nach dem Ausspucken, die üblichen Gespräche von den Ereignissen in der Nachbarstadt, ohne dem Naheliegenden Beachtung zu schenken.

Ich bin sicher, wenn sie in ihren Überziehern vor meinem Haus auf und ab laufen, ihre Stöcke schwenken und mit ihnen auf die in der Ferne auftauchenden Gegenstände deuten, die schließlich als Radfahrer und Fußgänger herankommen, wollen sie mich nur täuschen, denn in Wirklichkeit deuten sie auf das Fenster, hinter dem ich stehe, beschreiben eine schwarze, vom Mond beschienene Nacht, kratzen mit ihren Stöcken in einem einzigen Schwung die Form des Teiches auf den Erdboden und machen vor, wie ich im Sprung über die Hintertreppe aus der Tür herauskomme.

Mit ihren Stöcken treffen sie mich nach und nach am ganzen Körper. Es mag sein, daß sich, wenn ich alles in Betracht zöge, was mich schützen könnte, wozu nicht einmal ein Nachdenken nötig wäre, denn dieser Gedanke ist mir als ein alter Gedanke immer im Kopf, daß sich, wenn ich die Hände vor mein Gesicht hielte und den dicken sibirischen Pelz anzöge, kaum eine Möglichkeit böte, mich zu treffen, es sei denn zwischen den Fingern, in die Sehschlitze für meine Augen. Aber den Pelz hält meine Frau unter Verschluß, und die Hände, geschwächt wie sie sind, hebe ich kaum bis zur Brust, geschweige denn bis zum Kopf.

Darum biege ich, wenn sie kommen, sie kommen hüpfend, mit geschwungenen Stöcken, rasch um die Ecke, verschwinde hinter dem Haus, tauche hinein in die Hintertür und komme von dort mit einem einzigen Sprung über die Treppe durch die Tür über den Vorplatz ins Zimmer hinein in mein Bett.

Dort liege ich nachts, das Zimmer ist schwarz, von einer gewissen hölzernen Hohlheit, und schlafe, oder schlafe noch nicht, sondern wache, oder auch das nicht, vielmehr gehe ich hin und her, höre das Schnarchen meiner Frau, das aus der Kammer dringt, und beginne mich zu erinnern. Ich trat aus dem Haus in den Garten, der Wind wehte und bewegte die Oberfläche des Wassers, in der sich der

Mond spiegelte, dann nahm ich den Hut ab in dieser Nacht. Das waren meine Gedanken, doch nun, nachdem ich den Teich gesehen habe, fällt mir auch ein, daß ich schon lange in stillen Nächten das Klatschen von Wellen gehört habe, die gegen die Mauern schlugen, das leise schmatzende Anschlagen des Wassers und der Gesang von Wasservögeln kam zusammen mit dem schweren Ächzen meiner Frau und ihrem harten Herumwälzen im Bett in mein Zimmer herein, zusammen mit den kreischenden Schreien, die sie im Schlaf ausstößt. Jetzt fällt mir auch ein, daß ich meine Frau, die man sich mit rotem Gesicht und einer turmartigen oder helmartigen Frisur vorzustellen hat, seit einiger Zeit nicht gesehen habe, die Küche war leer, sooft ich den Kopf hineinsteckte, die Töpfe standen umgekippt im Ausguß, die Teller waren von Speiseresten überkrustet, von fettigen Häuten, schwärzlich verglasten Kartoffelbrocken, die Schüsseln, aufgetürmt, mit eingetrocknetem Schmalz, die Tassen mit Kaffeesatz, der Abfluß von fasrigen Rückständen verstopft. Ich erinnere mich, daß ich am Ausguß stand, um den Wasserhahn zu schließen, dessen Plätschern und Tropfen mich aus dem Bett getrieben hatte, ich rief in diesem Moment, ich trat vom Ausguß zurück, nach meiner Frau und ging, als ich keine Antwort erhielt, wieder zurück ins Bett. Ich dachte mir nichts dabei, wo bist du, rief ich, sie antwortete nicht, sie ist nicht da, dachte ich, wohin mag sie gegangen sein. Das waren meine Gedanken, und noch einmal rief ich, wo bist du, aber sie blieb verschwunden. In diesem Moment, ich sah das Bett mit der zurückgeklappten Decke, dachte ich mir nichts dabei, aber nun, wo ich darauf zurückkomme, wo alle Bilder wieder auftauchen, die leere Küche, der leere Gang, die offenstehende Tür, glaube ich, daß sie hinter meinem Haus, im Teich, auf den sie nicht vorbereitet war, als sie mit ihrem birnenförmigen Gesicht Blumen oder, wahrscheinlicher, Birnen oder, wahrscheinlicher, Küchenkräuter holen ging, mit weit aufgehaltener Schürze ertrunken ist.

Das werde ich meinen Nachbarn sagen, sie müssen mir suchen helfen. Ich hole meine Stange, dafür bin ich eingerichtet, im Grunde rechne ich mit allem. Dort lehnt sie im Keller, hinter den Kartoffeln, ganz vom Schwamm überzogen. Die Nachbarn sitzen im Kretscham. Ich höre ihr stoßendes Gelächter aufsteigen und das knallende Zurückstellen der Bierkrüge nach dem Trinken, ich liebe ihre Zusammenkünfte nicht, eher schon meine Frau, sie setzt sich an ihren Tisch, trinkt aus ihren Krügen, beißt von ihren Würsten ab und am Ende, alles ist ausgetrunken, alles abgegessen, hängt sie sich bei ihnen ein, schaukelnd treten sie den Weg zu meinem Haus an, verschließen die Kammertür, und ich höre das Schütteln und Knarren der Bettstelle.

Von dieser Seite besehen kann ich zufrieden sein, daß sie ertrunken ist. Eigentlich bin ich es auch. In meinem Haus ist es ruhig, schöne Stille, ich liege im Bett und überdenke meine Verhältnisse. Es geht mir nicht schlecht, ich klage nicht, ich habe ein Haus, einen Garten, der nach rechts ansteigt, sich erhebt und in der Ferne verschwindet, ich habe den Birnbaum, der in diesem Birnenjahr im Hintergrund knarrt, den Schuppen mit dem Hackklotz, dem Grabscheit, der Harke, und nun habe ich auch einen Teich hinter dem Haus. Vom Hinterzimmer aus betrachtet ist er von länglicher, ovaler Form, und ich, ein Spaziergänger, ein Bummler, ein In-die-Luft-Gucker, selbst hier am Fenster noch, wo ich nun stehe, ich denke mich in dieser

Jahreszeit im Hemd, könnte meinen gelben Gartenhut auf dem Kopf haben, die grüne Schürze um den Leib gebunden, auf meinen leichten luftigen Gartenschuhen tänzelnd über den knirschenden Kiesweg springen. An einem solchen Tag, nehmen wir an, an dem ich die Tür zum Schuppen öffne und die Harke ergreife, wird man mich sehen können, in meinem nach rechts ansteigenden Garten, die Harke geschultert vor Sonnenuntergang, bei meinem luftspringenden Gehen, so müßte es sein, halb in der Vorstellung, halb in der Wirklichkeit hüpfend. An einem solchen Tag, wie ich ihn mir vom Hinterzimmer aus vorstelle, am Abend, bleiben die Geräusche meiner Nachbarn, das Klatschen der Karten, das Zuklappen ihrer Krüge, aus, und ich höre statt dessen das Zwitschern der Vögel, das Glucksen des Wassers im Teich, unter dessen unbewegter Oberfläche die Fische ruhig entlangziehen.

Aber in diesem Teich, fällt mir ein, im Dunkeln des Wassers, auf seinem Grund, liegt meine Frau. Mit ihrem schweren aufgeschwemmten Körper, ihrer aufgehaltenen Schürze, ihrem birnenförmigen Gesicht, zwischen den gleitenden flatternden Schlingpflanzen, mit dem aufgeklappten Mund, den Stichlingen in der Mundhöhle, an der Zunge, den Lippen, den Stichlingen festgebissen, mit peitschenden Schwänzen, zappelnd, mit ihrem tropfenförmigen Gesicht, den Stichlingen schwärmend verbissen, dem aufgetriebenen Bauch, den schwarz auf den Schenkeln platzenden Strumpfbändern, den Binsen, den Rohrkolben, der aufgeknöpften Bluse, dem Aufwühlen des Grundschlamms, den Karpfen, den Hechten, in günstigen Lagen zwei Meter lang, dem aufgeklappten Mund, den eingegrabenen Zähnen, dem aufgedunsenen glitschigen Körper, dem zugeklappten

Mund, dem weich aufsteigenden Blut, dem Wedeln und Wehen der Wasserpflanzen, den eingeschlagenen Zähnen, dem sich aufbauschenden Rock und, auf der Oberfläche davontreibend, der Schürze mit ausgerupften Küchenkräutern.

Wenn ich meine Frau jetzt, in diesem Zustand, mit dieser Stange herausfische, wenn ich sie in mein Boot ziehe und den Nachbarn zeige, die am Ufer stehen, dann werden sie glauben, ich hätte sie in den Teich gestoßen, mit einem Stein um den Hals, in der untergehenden Sonne, bei einem Abendspaziergang. Einer von ihnen erinnert sich dann an den Schrei, den er gehört hat. Ein anderer spricht von dem Klatschen, das ein Körper, ins aufspritzende Wasser geworfen, erzeugt. Ein Dritter schließlich erwähnt mein Gelächter bei ihrem zappelnden Untergehen, bei ihrem Hinabsinken im Mondlicht hinter dem Haus. Nein, ich suche sie nicht, es ist besser, sie bleibt, wo sie ist, denn wenn sie nicht in der Küche ist, dann wird sie schon in der Kammer sein, und ist sie nicht dort, dann ist sie an einer anderen Stelle und es gefällt ihr, sie spannt ihren Schirm auf, nippt an ihrer Schokolade, legt ihr Korsett ab. Nein, ich, in meinen Pantoffeln im Hinterzimmer, auf das Fensterbrett gestützt, im Schlafrock, ich suche sie nicht, denn wo sie ist, da soll sie auch bleiben, an einem Tisch, auf einer Promenade, Militärmusik spielt, in der Eisenbahn und dort im Abteil für Raucher, mit einem Begleiter, schaukelnd im Takt der Räder.

Die Stange bleibt in der Ecke, im Keller, hinter den keimenden Kartoffeln. Was also, denke ich, während ich das Fenster schließe, ist nun zu tun. Ich glaube, das ist einfach, den Teich, obwohl ich ihn gern sehe, mit seiner bewegungslosen Oberfläche, ich schütte ihn zu, ich lasse ihn verschwinden, in einer langen Nacht ist das leicht, ich schütte ihn zu. Mit Erde von meinen Blumenbeeten, Erde von meinem Komposthaufen, mit meinen Einkellerkartoffeln, hinein mit den Kartoffeln, meinem Hausbrand, dazu mit dem Hausbrand, mit dem Eingemachten, dem Gelee, dem Backobst, alles dazu, den Kleidern meiner Frau, dem Stück Streuselkuchen, vom Morgen übriggeblieben, dem Kanapee und den Gardinen aus dem Wohnzimmer und den Serviettenringen und dem Besuchersessel, dem Kronleuchter, dem Glas Hering in Tomatensauce, dem Gartenschlauch, dem Opernglas, dem Geschirr aus dem Ausguß, dem Photo aus der Zeit mit meiner Frau auf der Reise in die Berge und dem Bleistiftspitzer in Form eines kleinen Globusses und meiner Hutklemme, nein, meiner Hutklemme nicht, dem Buch rautenkranz, dem Buch beerenobst, dem Buch birnenernte und einer Reihe anderer Bücher über die Tätigkeiten im Garten.

So. Der Teich ist zu. Meine Nachbarn, was wollt ihr noch, nun kann euch nichts stören, nichts, ihr könnt euch nichts denken, nichts vorstellen, nichts. Ich werde mich fortmachen, über die Berge, es hält mich nichts mehr, die Gelegenheit ist gekommen, mein Haus ist leer, mein Garten, dieser nach rechts sich erhebende Garten, abgegrast der Garten, mein Teich, zugeschüttet der Teich, ich kann gehen.

Durch das Hinterfenster fällt das Licht der aufsteigenden Sonne, ich streife die Handschuhe über die Hände, es ist Zeit, denke ich, knöpfe meine Galoschen zu, den Nachbarn, denke ich, kommen die Gedanken beim Sitzen, rücke den Knoten meiner Krawatte zurecht, sie vermuten vielleicht, ich hätte den Teich zugeschüttet, um die Leiche meiner Frau zu verbergen, stülpe den Hut über den blanken, von der Morgensonne erwärmten Schädel, dann wäre, denke ich, alles umsonst gewesen, ziehe den Rock, wo ist der Rock, den schwarzen Rock über, schiebe etwas Wegzehrung in die Tasche, es ist wahr, denke ich, ich muß mich beeilen, nehme den Schirm von der Wand, falls es Regen gibt, ich werde nicht gern naß, ich liebe das Wasser nicht, schon der bloße Gedanke an Wasser, an einen Tümpel, einen Teich, einen noch so kleinen, macht mir Unbehagen, ich habe, denke ich, keine Zeit zu verlieren, springe die Treppe hinab, stehe schon auf der Straße, fort, denke ich, das ist das Nötigste, klopfe die Taschen noch einmal ab, aha, meine Fahrkarte, ich vergaß sie, also wieder zurück und hinauf, ich nehme die Beine in die Hand und erreiche den Schrank, wo sie liegen muß.

Beim Tasten zwischen gestärkten frisch duftenden Laken werfe ich einen letzten Blick aus dem Fenster, es ist Morgen, ein schöner Tag. Drüben verlassen die Nachbarn den Kretscham. Sie bewegen sich schwankend mit geschüttelten Stöcken auf mein Haus zu, der erste, es ist Beck, steht schon im Garten, der Bierschaum hängt noch an seinem Bart, wo sind Sie, ruft er. Ich ducke mich also und suche die Karte. Das Tropfen des Wasserhahns kommt aus der Küche.

Wir sind gekommen, um Ihre Frau zu suchen, ruft Beck, wo ist sie, wo ist Ihre Frau. Ich halte die Ohren zu und stürze zum Hinterausgang, die Treppe hinab, atemlos im Sprung aus der Tür, durch den Garten sehe ich schon den Teich, zugeschüttet der Teich, denke ich, ich kann denken, ich laufe, ich möchte es wirklich beschreiben können, hinter mir höre ich ihr Keuchen und das Stampfen ihrer

Schritte, wo ist sie, schreit Beck und schwenkt seinen Stock, wo ist Ihre Frau. Ich komme am Schuppen vorbei, dort steht schon der Baum mit den Birnen, ich habe ihn lange begossen, gepflegt und bespritzt, geradegebunden und ausgeschnitten, ich habe den weißen Ring um den Stamm gezogen und die Vögel verscheucht, die Wühlmäuse erschlagen, und während ich laufe, denke ich an das Klatschen des Grabscheits, an das Quieken der kleinen grauen zappelnden Körper, an das Hochheben und Ansetzen des Obstpflückers, an das Kreischen meiner Frau mit der aufgehaltenen Schürze, breitbeinig in der Abendluft, an das weiche Herabklatschen der Birnen. Das sind die Gedanken, während ich laufe, am Schuppen vorbei und weiter am Birnbaum vorbei und immer weiter mit diesen Gedanken, mein Haus schrumpft zusammen und verschwindet im Hintergrund, während ich laufe und laufe weiter und weiter.

I Chinese. Unser gelber Freund sitzt im Mondlicht und trinkt warmen Reiswein, er trinkt sitzend schwärzlichen Tee und verzehrt seine Ahnen, er heiratet früh und feiert geschmückt das Neujahrsfest, schlüpft rasch in seidene Hosen und züchtet Gemüse in großen Mengen, unter dem weiten Ärmel hat er das Messer zum werfen, seine Backen sind rot und rund, er sitzt wie aus Porzellan und verzehrt, wie Wobser berichtet, Pflaumen und Pomeranzen, gelbe Schafe, Ziegen und Katzen, wie Wobser berichtet, kleine gemästete Hunde, Hühner und Enten, die schweren Büffel schleppen sich über die Steppe, in den Ebenen splittert es, seidiges Gras rauscht und raschelt, der Chinese sitzt auf dem Boden, freundlich lächelnd, das gelbe Meer liegt im Hintergrund, die gelblichen Berge, er schwitzt nicht, sondern er schnitzt, wie Wobser berichtet, schweigend Speckstein und Elfenbein undsoweiter, im Westen erkennt man Salpeter und Amoniak, Mango und Mandeln, auf den fetten Feldern wachsen Kartoffeln, an den Hängen Rhabarber und Bambus bis in die schmelzende Ferne, gelbe Monde wandern hinauf und hinunter, der Chinese schaut in die bleiche Wüste hinein, schweigend sitzt er mit gläsernen Nudeln in seiner gelben Umgebung, er schüttelt den Kopf und meint *ja*, er nickt und meint *nein*, die Buckel der gelben Kamele schwanken im Mondschein, die Borke der Stämme wird rissig und Moos wächst Moos Moos wächst und Flechten wachsen, die große Mauer zieht sich dahin; schwer und dick, der Mann mit der gelben Haut lacht schlau auf, wie Wobser behauptet, sein Fleisch hängt von oben hinab in die Tiefe. Lemm ist der erste, der diesen Angaben widerspricht, seine Beschreibungen sind aber für uns vollständig unverwendbar.

I Darmmädchen. Nicht die appetitlichste, aber eine sehr nützliche weibliche Arbeit wird in Schlachthäusern und Fischfabriken verrichtet. Die als Eingeweide- oder Darmmädchen bezeichneten Frauen weiden die geschlachteten Tiere aus, um sich danach den ausschweifendsten *Liebesbewegungen* hinzugeben, bemerkt Collunder in seiner gleichnamigen Broschüre, und weiter schreibt er: Die ganze Geschichte der Menschheit hat nirgends auch nur eine Spur von weiblicher Geistestätigkeit hinterlassen, bevor die Welt plötzlich mit den Sekreten der weiblichen Memoirenliteratur verklebt wurde.

I Denker. Das Gehirn des Denkers wölbt sich nach vorn und beschattet das Auge derart, daß es ziemlich tief in der Höhle zu liegen scheint. Vergleicht man den Denker jedoch mit dem Grübler, der nicht denkt und beobachtet, sondern lediglich grübelt, dann bemerkt man, daß das Auge des Grüblers in den tiefsten Hintergrund der Augenhöhle hineinschrumpft, während das Auge des Denkers unter dem wohlgewölbten Augenbogen sich prächtig und glanzvoll repräsentiert.

I Dienstmädchen. Alle tüchtigen Dienstmädchen sehen eine Ehre darin, sich in ihren zierlichen Schürzen zu zeigen.

Fortsetzung des Berichts (1964)

Nun, nachdem ich alles beschrieben habe, diese zurückliegende Zeit, diesen Weg, mit den Bewegungen und Erscheinungen, den Bildern und Geräuschen, diese Landschaften, mit den Knollen, Kuppeln und Buckeln, den Rinnen, Wannen und Gruben, nähere ich mich dem Ende des Berichts. Vielleicht wird es jetzt aufhören, dieses ich weiß nicht ich glaube Sitzen, ja das ist das Wort, Sitzen. Ich spüre eine abgeschabte ledrige Mulde unter mir, eine wie es scheint von vielen Körpern vor mir eingedrückte Polsterung. Meine Handflächen gleiten an hartgeformten ich glaube Knollen, ich weiß nicht, gedrechselten Stuhlbeinen hinab. Ja das ist es, Sitzen, Horchen, mit einem Gefühl es ist schwer zu beschreiben, einem Gefühl wie ich würde sagen Eindringen, vielleicht Eintauchen in diese weichen Öffnungen vor mir, diese verwischten Bewegungen beim Vorbeiziehen von Schatten und Farbflecken, mit großen flatternd roten Ohrmuscheln. Ich erinnere mich an Stimmen, an Worte, in halbvollen Mündern verkaute Sätze, die herantreiben, zusammen mit den Geräuschen des Essens, dem erst fernen dann näheren Klang von Geschirr, dem Löffeln, Schlürfen von Suppe, dem Klatschen, mit dem die Klöße weich auf die wartenden Teller fallen, dem Plätschern, mit dem die Brühe dunkel über das Weiß der geöffneten Klöße rinnt. Mit der Zeit treten diese Aufwölbungen, Verbiegungen aus der von Zigarrenrauch und Speisendampf vernebelten Ferne hervor und wachsen zusammen zu diesen birnenförmigen und kürbisförmigen, wenn auch nur im ganzen und groben birnenförmigen kürbisförmigen Köpfen, diesen aufgeschütteten Körpern mit vorgestreckten warum nicht vorgestreckten Händen. Sitzend gerate ich zwischen eine in die Bewegungen des Essens versunkene Runde, es ist ein Bild, das ich vor mir habe, alles in allem, von dem ich, wenn ich das abzöge, was mich täuschen könnte, sagen könnte, daß es ein Zimmer ist. Dieser Tisch, rund schwer hölzern wie er ist, mit seiner borkigen Oberfläche, dieser Stuhl, steif aufragend abgewetzt knollig, diese klappende zuckende nach oben schießende Uhr, diese Wände, diese Decke, diese Fenster, Türen, Schränke, Spiegel und in den Spiegeln die geschnörkelten Aufsätze dieser Schränke, die Ziffern dieser Uhr, die Ausschnitte dieser Wände Türen Fenster mit schimmernden Landschaftsbildern, die gebrochenen gebogenen geschwungenen Merkwürdigkeiten dieses Zimmers, in dem ich sitze, ich weiß nicht, an einem Abend, die Sonne fällt langsam hinter das Fensterbrett zurück.

Meine Bilder erscheinen, Bild um Bild, sie erscheinen wie Schnepfen in großen Bögen mit weiten Schwüngen im Verlaufe der Zeit, in der ich die Geräusche der Küche höre, zischend schabend schüttelnd. Ich sehe die Körper mit ihren harten, von den Oberflächen anderer Körper berührten Oberflächen und nun sehe ich den Tisch, den Stuhl, die Uhr, es ist ein schöner Tag, ich täusche mich nicht, meine Frau ruft aus der Küche ein paar Worte, etwas wie Es ist soweit, ich antworte, das lasse ich mir gefallen, sie muß in der Küche sein, beschäftigt mit dem Kochen und den Vorbereitungen des Kochens, dem Anschüren des Herdes, dem Zurechtrücken des Kessels, dem Auskippen des Kruges, was was was, sind meine Worte, es ist soweit. Ich weiß nicht, was ich davon halten soll. Ich erhebe mich und strecke die vom Sitzen vielleicht tauben Glieder. In diesem Augenblick fängt mein Ohr das Klatschen der aus der Küche dringenden Handhabungen meiner Frau auf, das Kichern meiner Frau über der im Topf brodelnden Suppe, das Kratzen des Schöpflöffels im Topf, das Klappern der aus dem Schrank gehobenen Teller, das Klirren einer zu Boden stürzenden Schüssel, das Kreischen beim Öffnen der Ofentür. Ja das ist es, ich erhebe mich, ein Geräusch wie Umfallen Auslaufen fällt mir auf, obschon ich nicht sicher bin, daß es das ist was ich gehört habe. Vor mir auf dem Tisch auf der Decke wächst ein Fleck, der vom Mittelpunkt bis zu einem der Zipfel reicht, in der Form eines verkrümmten ich weiß nicht spreizbeinigen Körpers, oder vielleicht eines Körpers, der aus einem bestimmten Grund die Arme ausbreitet, oder einer Schere, keiner Schere, aber einer Hand mit einer Schere. Auf der Mitte des Tisches, dort, wo in einem zakkenförmigen Auswuchs der Fleck beginnt, liegt, umgefallen und ausgelaufen, ein Glas. Ich habe mich erhoben, ich bin einen Schritt nach rechts, ja rechts, einen Schritt zurück, einen Schritt nach links getreten und stehe nach dieser Schrittfolge nun hinter dem Stuhl. In Küchengerüche, scharfe zwieblige Bratröhrendünste, süßliche Fischsuppendämpfe, eingehüllt, sehe ich etwas wie meine Hände auf etwas wie der abwärts geschwungenen Lehne des Stuhles liegen. Im Hintergrund, dort an der Wand, erkenne ich den schraubenförmig beschnitzten nach oben drängenden Uhrkasten, das Weiterrücken des Zeigers, die ruckenden zuckenden Bewegungen des Pendels, stückweise hinabfallend und in einer Entsprechung dazu stückweise hinaufsteigend die Bewegungen der Zapfen, die zur Küche führende Tür, die zur Kammer führende Tür, die zum Gang führende Tür, das Fenster und vor dem Fenster das Gebäude der gegenüberliegenden Seite der Straße, dessen Türen und Fenster. Hinter einem von ihnen schwanken die dunklen Umrisse einer Gestalt, vielleicht eines Nachbarn, ich weiß nicht, der das Gesicht an die Scheibe preßt und herübersieht zum Fenster meines Hauses, das auf ihn, wie auf mich das Fenster des gegenüberliegenden Hauses, vielleicht einen geheimnisvollen und fremden Eindruck macht. Vor mir, in einem matten fleckigen Spiegel, erscheint mein vor Anstrengung oder Erstaunen oder Entsetzen geöffneter Mund und der in Gürtelhöhe abgeschnittene Körper, dieser rundherum weiße nackte Kopf, das Gesicht mit den Tränensäcken, dann, um von oben nach unten fortzufahren, der Hals, dann der Rumpf, dann nichts, was meinen Körper beträfe, sondern der untere Rand des Spiegels. Alles, soweit ich erkennen kann, ist von einer gewissen Allgemeinheit Unauffälligkeit; es ist das Bild, das man sich von mir zu machen hat, und das mir jetzt mit von Schlaflosigkeit schwarz umrandeten Augen entgegensieht. Ja ich trage einen Anzug, ich habe eine Zeitung in der

Tasche, das Abece ist mir bekannt, ebenfalls die Zahlen eins zwei drei vier fünf sechs undsoweiter, die höchsten Berge, die Flüsse, die Flora, die Fauna, die spezifischen Gewichte. Etwas was die Stimme meiner Frau sein könnte, dringt aus der Küche, es ist soweit. Was mag sie meinen, denke ich in diesem Augenblick, was ist soweit, ich weiß nicht, vielleicht nichts. In diesen Gedanken verwickelt stehe ich doppelt im Zimmer und alle Bewegungen die ich ausführe sind doppelt ausgeführt. Auch die Bewegungen der Hängelampe, die mit einem grünen, mit schwarzen Perlen verzierten Schirm von der Decke herunterkommt, ihr leichtes weiches Hinschwingen und Herschwingen, geschieht doppelt, hinter meinem Rücken und im Spiegel hinter meinem Rücken.

Etwas in diesem Bild ist vielleicht mit Unbestimmtheit bezeichnet oder mit Unübersichtlichkeit, es ist eine Art Ausdehnung Ausbreitung, ich weiß nicht, eine Art Landschaft, erdbraun weit ausgeschwungen bröcklig rauchend, mit weißen schwammig in einer ununterbrochenen Bewegung zusammensinkenden Kloßbergen, mit Wursthügeln Käsebrüchen schwarzkrustigen Fleischmeilern Schmalzäckern verschlammten Tunkentümpeln einem schillernden Fischsuppensee umwachsen von grünen Krauthecken Kohlwäldern roten Rübendickichten. Ein steifes Herausragen, ein hartes Hochstehen fällt mir auf, noch etwas anderes, ein Vorgang, von den Geräuschen, die ich beschrieben habe, unterlegt; diese lange um das Tischrund geschlungene Reihe von Personen hat sich in Bewegung gesetzt, die Arme mit den Löffeln Schöpfern Gabeln heben sich, schwingen vor und tauchen in diese Landschaft hinein, wühlen und graben sie um, ackern und ziehen Furchen und schöpfen und wässern und legen Gräben und Gruben an auf diesem Tisch, der mit seiner blasig aufgeworfenen Platte vielfüßig ansteigend vor mir durch die ganze Länge dieses Zimmers läuft und in den dunklen äußersten Ecken verschwindet.

(...)

Dies ist das erste Bild, das ich von ihm habe, sein durch Rundungen und Wölbungen ausgedehnter Körper bewegt sich schwankend, einen weichen knolligen Schatten vor sich hertreibend, vom Zigarrendunst blau umwölkt, hutschwingend die Straße entlang, einer leicht geschwungenen aufgeplatzten von Pferdemist bebrockten Straße, von in diesem Bild wehenden Baumreihen zu beiden Seiten eingefaßt. Die Sonne fällt von Westen in dieses Bild ein, es ist Abend. Sein schwerer schwarzer Körper stapft hinter mir her, ich sehe, im Umwenden, wie in seiner runden Gesichtsfläche durch das Öffnen des Mundes ein schwarzes wie hineingeschnittenes Loch entstanden ist, etwas wie Schatten, vielleicht Blattschatten schwimmen über ihn hinweg, über sein Gesicht, das sich, immer mit geöffnetem Mund, wahrscheinlich redend, bald in der Vorderansicht, bald in der Seitenansicht zeigt. Weit im Hintergrund sinkt nun Weischwitz hinter den Horizont hinab, die Dachkuppen und Schornsteine versinken und vor mir, in einer Entfernung, die Schritt um Schritt zusammenschrumpft, wächst eine neue Ortschaft, vielleicht Tauschwitz Munschwitz, ich weiß nicht, Reschwitz, in die Höhe, ich erkenne die kleinen in die warme Brühe des Abendrots getauchten Häuserbrocken. Mein Guter, höre ich Wobser hinter mir rufen, was mag er wollen, ich stelle mir vor, während ich meine Schritte beschleunige, wie er mit einem aus der Tasche gegrabenen Tuch sich das Gesicht wischt, stehenbleibt und, infolge der Geschwindigkeit seines Gehens keuchend, ruft und die Arme schwenkt. Mein Guter, höre ich, erinnern Sie sich, höre ich, Sie haben es nicht vergessen, höre ich, hören Sie doch, höre ich, dieser Abend, die Ereignisse dieses Abends, höre ich, doch im Weitergehen bleiben seine Worte, die mich in eine ferne und, ich weiß nicht, in meinem Kopf erloschene Vergangenheit zurückdrücken wollen, zurück, brechen ab, vom Aufkreischen der Krähen zerrissen, die eine Weile in dichten dunklen Wolken über uns hintrieben und plötzlich wie in einem Zerknall nach allen Seiten auseinanderspritzen. Ein Körper von einer Art Eigenbewegung wandelt, hinter mir, auf der Grenzlinie zwischen Erde und Himmel und ragt mit seinen geschüttelten Armen in das Weiß oder vielmehr Rot nämlich Abendrot des Himmels hinein, ebenso wie die buschigen Bäume am Straßenrand. Es ist also eine flach ausgestreckte und wie ich sehe auch weit ausgestreckte Landschaft, ein Bild, in dem sich nun das abspielt, ich wüßte nichts, nichts, es spielt sich nichts ab, bis auf die ununterbrochenen mit großer Heftigkeit mit Nachdruck ausgeführten Bewegungen dieser Gestalt, die sich aufgestellt hat, man muß sich vorstellen, mit einem, nichts, man muß sich gar nichts vorstellen, ich weiß. Ich weiß nicht, es wäre einer Überlegung wert, doch jetzt, was ist das. Wenn man mich fragte vielleicht ein Geruch nach Gebackenem, in den ich hineingehe, ich wende mich noch einmal um, die Baumschatten, sein geblähter beim Gehen wehender Mantel. Wenn man mich fragte, aber wer sollte fragen, er meinetwegen könnte fragen, angenommen er hätte mich eingeholt, gut, wenn er mich fragte, nach Dingen, nach denen er gewöhnlich, ich weiß nicht, wenn er mich trifft und, ja, er könnte etwa, vielleicht wäre folgendes, ja. Gott wenn ihm die Zigarre aus dem Mund fiele, beispielsweise, und er bückte sich, das ist ein Beispiel, er bückte sich und sagte dabei, wie sagte er, Wo es naß da tropft etwas, oder Vor beginnen erst besinnen, oder Leck mich, andererseits sind das natürliche Redeblumen, die nichts heißen wollen, also nichts. Er wird vielmehr nach den üblichen einleitenden Begrüßungen das übliche andere fragen, also Geschlecht Alter Verheiratung Beschäftigung etwaige Gebrechen Statur Sprache Haar Gesichtsfarbe Nase Mund Augen Ohren Kinn Hände Haut Verdauung Husten Atem Zähne Gesichtsform Temperament geistige Funktion Schrittweite Raucher, das übliche, und wird dann, wenn ich, freilich nur zum Schein, auf seine Fragen eingehe, die er mit aufgehobenem Finger vorträgt, um die Wichtigkeit des Gefragten anzudeuten, in das übliche Gelächter ausbrechen. Mein Guter, Sie sind wieder hereingefallen und so weiter. Ja ich erinnere mich, Guten Morgen, Guten Tag, Guten Abend, Wie befinden Sie sich, Was für ein Vergnügen und so weiter, Leben Sie wohl, Auf Wiedersehen, Empfehlen Sie mich Ihrer Frau, Bitte grüßen Sie Ihren Vater. Ein leichter warmer Händedruck, nicht etwa derb und kräftig, auch nicht lau oder lässig, die goldene Mitte, allerdings von einer gewissen Feuchtigkeit, das Hutabnehmen, die Verbeugungen, seine Hinweise auf ein gewisses Benehmen, während meine Hand in seine Hand schlüpft, in das Gespräch oder in seine Erzählungen eingeflickt, etwa Bewahren Sie alles so auf, daß Sie es auch bei Dunkelheit auffinden können. Also, das saugende Geräusch seiner Lippen, wenn sie sich um die Zigarre schließen, rauchausblasend, wenn ich das noch hinzufügen darf. Und ich, Nein. Und er, Also Sie müssen bedenken daß. Und ich, Nein. Und er, Also gut wir wollen von etwas anderem. Und ich, Nein. Ich gehe durch hohes hartes scharfes wehendes Gras, ein Hindurchwaten durch etwas wie Besenborsten, während unter mir Blütendolden platzen und Samenflocken in die Luft wirbeln, ein Aufknacken in einem schwappenden Grün und Gelb, dazu etwas wie Brodeln, Knistern, ein hoher ziehender Ton, wimmelnder Ton, ein Heupferdhüpfen, ein Niederknicken Wieder- aufrichten. Ich gehe an einem von Moospelzen überwachsenen Bretterzaun entlang, mit dem Kopf über dem Zaun, so daß, würde man von der anderen Seite des Zaunes mir zusehen, man nur den körperlosen Kopf treiben sähe, einen Kopf, der in die Richtung hin- ter den Bretterzaun blickt und eine verdorrte schwielige Fläche er- kennt, Strünke mit welken schlaff herabhängenden Blättern, den Rost durchlöcherter Eimer, die versunkene leuchtende Emaillie- rung von Töpfen, herausgewölbt aus einer schuttigen schlackigen Erde, verkrustete Lumpenbündel, in denen noch die von der Erde halb aufgefressenen Reste von Menschen zu stecken scheinen, in hockender Haltung mit Bartflechten und zerrissenen Gesichtern, rostüberkrochene Öfen, kalt mit den Stümpfen der Rohre aus ihren türlosen Löchern glotzend, mit pfötchenartigen Füßen. Aus dieser Erde wächst etwas verkrüppelt verknüppelt Baumähnliches, etwas Zusammengeknotetes oder einfach etwas mit Hartnäckigkeit aus der Erde Herausgezogenes Ersteiftes, behängt mit blechernen rost- roten Früchten. Dahinter fällt die Landschaft in eine nicht sichtbare Tiefe hinab, über Schutthügel Zacken Schurren einen Abhang hin- unter in eine Art Schlucht, unsichtbar aber vorstellbar, vielleicht von Menschen belebt, die etwas abladen oder aufladen, etwas wegwer- fen oder aufheben und abputzen. An einer Stelle öffnet sich der trockene Boden röhrenartig, kurz vor dem Abhang, und scheidet eine schäumende mit faserigen Papierflocken durchsetzte Flüssig- keit aus, die in einem ich würde sagen Sickergraben den Abhang hinunterrinnt, ein dampfendes, gelegentlich stockendes träges Hinunterrinnen, ein von Mückenschwaden überschwirrtes Hinunterrinnen in ein anderes, von hier aus nicht sichtbares Bild. An dieser Stelle, am Rande des Grabens, während ich durch hohes trockenes Gras wate, erkenne ich einen Bewuchs von vielleicht Brennessel Löwenzahn Kellerhals Küchenschelle Fingerhut. Ein plötzlicher Vorgang durchschießt dieses Bild, ein Auftritt am Horizont, von der einen Seite des Bildes am Horizont entlang zur anderen Seite des Bildes und hinaus, etwas Zylinderhutschwingendes mit einem kurzen Umhang Wehendes, gefolgt von etwas ich würde sagen Polizistenähnlichem, allerdings in großer Entfernung, mit großer Geschwindigkeit, schwer zu beurteilen, etwas vielleicht nur Vorgestelltes, eine Anknüpfung an Erinnerungen, etwas ich weiß nicht, wirklich nicht, eine Verfolgung, die sobald ich sie oder noch nicht einmal das, noch bevor ich sie in allen Einzelheiten hätte sehen können, wieder verschwunden ist. Ich gehe an den Rückseiten von Häusern entlang, an einem von Schründen Schrammen nassen Flekken gemusterten Mauerwerk, an Backsteinwänden, aus deren Fugen der erstarrte Mörtel hängt. Während unter mir die harten Buckel von Pflastersteinen, die Formen trockener breitgewalzter Kuhfladen mit den Maserungen der Räder hindurchfließen, während über mir schwarze kreischende Vogelwolken zurücktreiben, kommt mir ein Geruch nach Brot in die Nase, ich rieche, wobei ich schnuppernd schnüffelnd diesen Geruch einsauge, nun Brot und sehe in weißen Schürzen und mit weißen Mützen vor dem Backofen die Bäcker sich die Hände reiben im Warten auf das Brot, ich höre das Prasseln Knacken Knistern des Feuers, das Kreischen Quietschen Knarren der aufgehenden Backofentür, das Scharren des Schiebers, das erwartungsvolle Murmeln der Bäcker und nach dem Erscheinen, nach dem Auftauchen des Brotes, den Jubel der Bäcker, die ihre Mützen von den Köpfen nehmen und sie schwenken.

(...)

In schweren Stößen, drückend, wobei sich die Hände zu röten beginnen, wobei die Adern aus den Händen treten, wobei ich fühle, wie der Schweiß aus meinen Achselhöhlen tritt und an meinem Körper hinunterrinnt, versuche ich das Tor aufzuschieben, die Anstrengung des Schiebens muß auf meinem Gesicht stehen, aus meinem Mund dringt Keuchen und auch aus Wobsers Mund, der inzwischen herangekommen ist und ebenfalls schiebt, dringt Keuchen. Er stemmt sich mit seinem Rumpf wie ich mit meinem Rumpf gegen das Tor, es kommt in Bewegung, durch einen Spalt, der vielleicht groß genug ist, eine Hand hineinzustecken, sehe ich in das Innere der Fabrik, ich sehe nichts. Von Wobser, der mit mir die Bewegung des Schiebens macht und dessen Gesicht, jetzt, wo es durch die Anstrengung des Schiebens verzerrt ist, sich verdunkelt, geht ein starker saurer Geruch aus, auf seinem Gesicht, das er mir zugewandt hält und dessen Mund, als wolle er etwas sagen, geöffnet ist, erkenne ich über dem Mund den Bart, ein Geräusch wie Ächzen dringt aus dem Mund, unsere Gesichter, mein nach vorn gewandtes Gesicht und das zurückgewandte mir zugewandte Gesicht Wobsers, berühren sich fast. Ich bemerke plötzlich seinen Bart, wie damals, es war gegen Abend, wir kamen aus dem Hintergrund und schlugen eine Schleife, oder wie war es, etwas lag zwischen uns und dem Ziel, ein Hügel, ein Haufen, oder wie war es, ich erinnere mich noch an Wobsers Worte, in diesem Augenblick schien er mir dicker als sonst, was was was, sagte er, er breitete die Arme aus, es war seine Angewohnheit, was was was, danach deutete er in eine Richtung, wo sich in der ankommenden Dunkelheit eine Erhebung abzeichnete, es war der Körper eines Pferdes, auf dem die Krähen hockten und mit den Schnäbeln in das Pferdefleisch hackten, große vom Blut tropfende Stücke aus dem Körper rissen, ich spüre seinen Atem in meinem Gesicht, gemeinsam versuchen wir nun zu drücken zu stemmen zu stoßen zu schieben, es entsteht eine Öffnung, die groß genug ist, einen Kopf hindurchzustecken, ich erkenne im Inneren der Fabrik etwas mit den Umrissen eines Sackes, die Rollen kreischen und knirschen in den Schienen, das Tor öffnet sich bis zu einem gewissen Punkt. Es geht nicht weiter, sagt Wobser, die entstandene Öffnung ist nun so breit wie ein durchschnittlich breiter Körper, so daß ich mich, wenn ich mich in das Innere der Fabrik begeben wollte, durch die Öffnung hindurchzwängen müßte. Dabei bedenke ich, daß Wobser, der dicker ist als ich, wahrscheinlich nicht durch diese Öffnung paßt. Ich stelle mir vor, und diese Vorstellung erweckt in mir eine Art Heiterkeit, die Wobser von meinem Gesicht abliest, denn er fragt mich, was es zu lachen gäbe, wie sich Wobsers Gesicht bei der Anstrengung des Hindurchzwängens rötet und aufbläht. Nach dieser Vorstellung zwänge ich mich durch die Öffnung in die Fabrik. Was ich sehe, in der Dunkelheit dieser Halle, vom Dröhnen meiner Schritte begleitet, ist, in der Mitte der Halle, in seinen Umrissen, von dem durch die Fensterschächte einfallenden Licht beleuchtet, der Körper eines Pferdes, in den sich die Ratten bis zu ihren Hinterbeinen hineingefressen haben. Ich höre das Knappern Nagen der Ratten und höre es plötzlich abbrechen, sehe, wie sich die Ratten rückwärts gehend aus dem Körper befreien, höre das Quietschen Pfeifen mit dem sie in den Ecken verschwinden und sehe im Körper des Pferdes die schwarzen hineingefressenen Gänge. Ich rieche das Pferdefleisch, den süßen Geruch von Blut, der die ganze Fabrik ausfüllt, sehe das Blut, das sich in kleinen Pfützen auf dem Boden gesammelt hat und geronnen ist, das Pferd, ein großes, schweres Pferd, mit großen aufgerissenen Augen, mit gelben starken unter den Lippen hervortretenden Zähnen, mit aufgetriebenem, vielleicht von einer Pferdekrankheit aufgetriebenem Leib am Boden liegen, in meinem Rücken höre ich das Keuchen Ächzen meines Begleiters, der noch immer, da er dicker ist als ich, sich durch die Öffnung des Tores in die Fabrik zwängt, seine von Schnaufen unterbrochenen Worte wie Es geht nicht, ich komme nicht weiter, es klemmt, werden durch die Wände der Fabrik zurückgeworfen und verstärkt, wie sich das Schallen Knallen Hallen meiner Schritte verstärkt, das Kratzen Rascheln Scharren der Ratten, das Rumpeln des zweiten dem ersten Tor gegenüberliegenden Tores, das ich erreiche und nun öffne, das sich ohne Schwierigkeiten öffnen läßt, leicht angestoßen von meiner Hand surrend beiseite fliegt. Nun, im Freien, an diesem Tag, in dieser Landschaft, die wie eine Fläche, ich weiß nicht, wie ein Tisch, ich weiß nicht, wie eine Platte wirkt, wende ich mich noch einmal um, das Pferd liegt in der Mitte, im Hintergrund, am anderen Ende der Halle, sehe ich, wie ein Mann, dicker als ich, wenn auch sonst meinem Äußeren ähnlich, versucht, sich durch die Öffnung des Tores zu zwängen, es macht ihm Schwierigkeiten, er winkt, als erwarte er meine Unterstützung, mit der einen Hand, die sich schon im Inneren der Fabrik befindet, und ich höre, obwohl ich nicht beschwören kann, ob es das ist, was ich höre, seine Worte wie Ich komme nicht weiter, warte auf mich, es geht nicht, es klemmt. Im Gegensatz zum Eingang der Fabrik ist der Ausgang ohne Schwie-

rigkeiten zu öffnen und zu schließen bis auf einen kleinen handbrei-
ten Spalt, an den ich mein Auge drücke und durch den ich erkenne,
wie an der anderen Seite ein Körper drückend schiebend zwängend
sich hochstreckend und niederbeugend vor und zurückrückend in
das Innere der Fabrik gelangen will. Ich beobachte eine Weile diese
Bewegungen wie Zappeln, wie Schieben, wie Stoßen, dann gehe ich
weiter, am Horizont, bis zu dem sich ein dünnes Wachstum von
Disteln Gras und wildem Hafer hinzieht, erscheint der Bauer, er
sitzt auf dem Karren. Das Nicken der Pferdeköpfe, das Schwenken
der Bäuche, das Schaukeln der Hinterteile; er nähert sich langsam
und verschwindet wieder, kommt und entfernt sich, er kommt und
verschwindet in der Ferne.

Rechts von mir vor dem Fenster erscheinen die schwarzen struppi-
gen Körper der Krähen, sie tauchen aus dem Hintergrund am Himmel auf, der die eine obere Hälfte des Fensters ausfüllt, während die
andere untere Hälfte des Fensters, das vor einer Weile vom Direktor
mit einer Bemerkung über Luftmangel geöffnet wurde, von einem
Stück der Landschaft ausgefüllt wird. Die Kahlheit dieser Landschaft hat mich eine Zeit vorher beschäftigt, ihre Abgemähtheit
Ausgerissenheit Abgestelltheit, abgerupfte Kohlstrünke, bräunlich
verfärbtes, in Fäulnis übergegangenes Fallobst, zusammengerechte
welke Blätterhaufen liegen auf der umgegrabenen aufgelockerten
Erde. Ich erkenne eine Person, die mit einer Mütze, einer Schürze,
einer Blechbüchse gebückt zwischen den Hütten hin und her läuft
und lange dünne Würmer aus dem Boden zieht. Ich hatte den
Wunsch, aufzustehen und an eines der Fenster zu treten, der für
einen Augenblick sehr stark war, unterdrückt und war sitzenge-

blieben und hatte von meinem Stuhl aus die Landschaft vor dem Fenster beobachtet. Jetzt wo ich darauf zurückkomme, erinnere ich mich an einen Hundeauftritt, der im Vordergrund dieses Bildes stattfand, der abbrach, als plötzlich mit großer Geschwindigkeit, mit weiten Schwüngen, mit einem eigentümlich kreischenden Geschrei, die Krähen auftauchten, ebenso wie jetzt, wo sie mit ihren fetten vom Futter aufgetriebenen Körpern auf das Fenster zukommen und vor dem Fenster, durch das sie herein ins Zimmer fliegen könnten, umkehren und wieder in der Ferne verschwinden, zusammenschrumpfen und aus der Ferne aufquellend wieder erscheinen, mit dem gleichen kreischenden Geschrei wie zu Beginn, mit ihren dunklen dicken Körpern und kräftigen Stimmen und dem Aufklatschen ihres Kots auf der Fensterbank, wieder umkehrend sich in den Hintergrund des Bildes hinein verkleinern und nach einer darauf vorgenommenen Wendung, sich wieder vergrößernd, den Vordergrund erreichen und krächzend vor dem Fenster vorüberstreichen.

(...)

Ja, nun höre ich. Vorkommen und vergehen, ja vorkommen und vergehen, morgens mittags und abends über diese kleine Strecke ja kommen und gehen, die großen und die kleinen Stücke über diese kleine Strecke ja, in langen geketteten Reihen hintereinander über diese ja kleine Strecke und zurück noch einmal zurück und umgekehrt nun vorwärts ja vorwärts, ununterbrochen am Tage und nachts, auch in der Nacht zwischen den kleinen Hügeln in offenes Gelände hineinziehend und dann umgekehrt wieder dasselbe von Anfang bis Ende ja Ende hinausziehend aus dem offenen Gelände in die Büsche Stauden Sträucher und weiter, Gräser Halme und weiter hinaus und hinein ja, einem Tier folgt das andere in die Büsche drükkend streichend, die übrigen Stücke in Ketten oder Reihen oder Rudeln mit einem Mal aus der offenen Gegend hinein in die Büsche, sich aneinanderdrängend in der heißen Jahreszeit, in diesem Landstrich, und zwischen den scharf ausgeprägten Hauptstreifen sieht man die undeutlichen Schatten- oder Zwischenstreifen, wie Hock-Bern festgestellt hat und berichtet hat, ja es hat eine gewisse Wahrscheinlichkeit, es hat eine gewisse Folgerichtigkeit, wie Schilling sagt, es gibt Gründe, es ist annehmbar, es leuchtet ein unter diesen Umständen, wie Hock-Bern sie beschrieben hat, wie bei den günstigen klimatischen Verhältnissen, nachts in größerer Zahl, um dreißig oder gar vierzig Stück zugleich plötzlich in einer Lichtung auftauchen, in diesem Landstrich auftauchen, schnuppernd und witternd, vor Eintritt in die Regenzeit, wie Bart in bezug auf die Jahreszeit mit Recht behauptet, mit einem Ruck sich umwenden und nun von Osten nach Norden ziehen und wieder zurück von Norden nach Osten ziehen, die Köpfe die Rümpfe die Schwanzbüschel, weiter zur Tränke ziehen, streichend und drängend, Kopf neben Kopf, die Körper aneinandergedrückt, schleckend an den Wasserstellen Regengruben Tümpeln, mit dem Klatschen des herunterfallenden jawohl Kots und mit den Ausschwitzungen und Ausdünstungen, die schon aus der Ferne wahrgenommen werden, bei der Paarung, wie Diezel beobachtet hat, zusammen mit den ausgestoßenen Paarungslauten, die man am besten, wie Diezel schreibt, als Schnaufen oder Prusten bezeichnet, und mit dem eigentümlichen Verhalten in der damit zusammenfallenden Dürrezeit, bei dem Herbeischaffen der Nahrung, das der Paarung vorausgeht, dem schweren Übereinanderfallen der Körper und dem Benehmen der Männchen, die ihre Vorderläufe heben und nach Beendung des Paarungsaktes weiter-

52

ziehen in die Ebene hinunter, oder wie sie das nennen wollen, Steppe hinunter, wie der Name sagt, in diese flache Landschaft hinein, ausgebreitete Landschaft hinein, oder wie sie das nennen wollen, dicht hintereinander, so daß diese Tiere sich beinahe berühren oder sogar tatsächlich berühren, mit ihrer Losung große Käfer anlocken und ermattet von der Paarung sich weiterschleppen, vom Osten Westen bis zum Süden, um sich bei der Ankunft der Nacht am Horizont niederzulassen, wobei die Streifung des Körpers, das sagt Bart und trifft sich dabei mit dem Gesagten von Schilling, nicht auffällig sondern sogar unauffällig ist und keine neuen Beobachtungen zuläßt, wie Hock-Bern festgestellt hat, sondern erst anderen Tags, beim Aufgehen der Sonne, beim Aufrichten und damit zusammenfallenden Entleeren des Körpers, Bemerkungen zuläßt über den ganzen Leib, die kurze steife Mähne, die aufrecht stehenden Ohren, den, nach Schilling, dicht behaarten Schwanzbüschel, den dicken gewölbten Bauch, die schwachen Röhrenknochen der Beine, bei denen hinter dem Hufbein als knöcherne Grundlage des Hornstrahls das Strahlenbein liegt, Sesam- oder Sehnenbein liegt, wie Hock-Bern sagt, in seinen Schilderungen, etwa den Schilderungen der Eßgewohnheiten, der Auswahl der Weideplätze, deren Suche in langen Wanderungen der Tiere, die sich bei der Aufnahme der Nahrung zu einem Halbmond quer auseinanderziehen, in Abständen von vier Fuß bis fünf Fuß, grob gerechnet, sich zu dieser von weitem zusammenhängenden Form des Halbmonds gruppieren, sich bücken, mit dem Maul das Gras abrupfen und von weitem in Rudeln erscheinen, dabei rupfend und kauend, Körper hinter Körper hinter Körper, mit den hin- und herbaumelnden Schwänzen, mit der nach unserer heutigen Grundauffassung der Umwelt eher angepaßten als

unangepaßten Streifung, wie Jäckel bestätigt hat, der die Tiere allein
an dem schnaufenden Ton der Nasentrompeten erkannt haben will
und nicht an ihrer Färbung oder Streifung, an ihrer Stimme aus
schrillen kurz hervorgestoßenen Lauten, mit nichts zu vergleichen,
wie Diezel meint, mit kleineren Ohren als man meint, im Gegensatz
zu dem jungverstorbenen Bart und dessen Erforschungen einiger
Zwischenstreifen auf den Hinterkeulen, die von nahem zu beobachten sind, doch im Verlaufe des Tages, unter der auffällig starken
Beleuchtung der Sonne, abnehmen, während sich die Tiere, deren
Köpfe auf dem Boden aufstoßen, immer noch rupfend, nach der
Sättigung aufrichten und weiterziehen zur Tränke über die freie
Fläche, nickend und trottend, in die Büsche und aus den Büschen
heraus über die darauffolgende Ebene, nun in schnellerer Gangart,
galoppierend, eine Wolke von Staub aufwirbelnd, nach den Beschreibungen von Matschie nach Matschies Beschreibungen mit
den kurzen Mähnen des alten Reisenden, übereinstimmend mit den
Beschreibungen von Schwalbe, in dessen Aufzeichnungen das Benehmen der Tiere geschildert wird, unter Berücksichtigung der Witterung und der Losung, die nach Schilling und der Niederschrift
Schillings mit der beginnenden Regenzeit stärker wird, die, allerdings nach den Beobachtungen Jäckels, im März kommt im März,
doch unter Zuhilfenahme der Niederschrift Diezels auch im März
vergeht, der in seinen Berichten vor allem vom Trommeln spricht,
das schon am Morgen von ihm beobachtet wurde und jetzt, zu Beginn des Abends, an dem sich die Tiere nähern, stärker wird, mit
weiten Sätzen und trommelnden Hufschlägen, von denen Diezel
spricht, die vom Rauschen des einsetzenden Regens übertönt werden und in andere Geräusche übergehen, die durch das tiefe Ein-

dringen in die aufgeweichte Erde zwischen dem Vordergrund und dem Hintergrund, von dem Bart spricht, entstehen und die nach der Beendigung der Regenzeit, bei der nun einsetzenden Dürre, wieder in ein Trommeln übergehen, mit dem sich nach Schwalbes Meinung die Tiere der Tränke nähern, hintereinander, eines folgt dem anderen, und es gibt eine Reihe, Witterung nehmend und eine andere, diese eine erste Reihe an diesem trockenen warmen Abend der einsetzenden Dürrezeit kreuzend, ebenfalls Witterung nehmend, wobei vielleicht der zwischen dem knisternden Steppengras im Hintergrund neben der Tränke lauernde Diezel, der in einer gewissen Entfernung davon sein Fernrohr ans Auge hebende Schilling, der zwischen den raschelnden Büschen heraushängende Bart Barts, in dessen Nähe Jäckel und dessen aufgedunsene aufgetriebene Kahlheit, dessen Schädel und auch Matschies und Schwalbes funkelnde Schädel, die von den letzten Sonnenstrahlen getroffen werden, dahinter mit seinem Notizbuch und seinem Revolver der ältere Hock-Bern, gewittert werden, so daß in diesem Moment, an diesem Abend, das Stutzen, das Aufbäumen, die aus der Nasentrompete gestoßenen Töne und das sich entfernende Trommeln der Hufe vor den im Halbkreis aufgestellten Diezel Schilling Bart Jäckel Matschie Schwalbe Hock-Bern in einem einzigen Bild und einem einzigen Ton zusammenfallen.

(...)

Ich sage nichts. Die Gegenwart umgibt mich singend geigeschabend klavierspielend und wieder essend, die Schüsseln dampfen von neuem und das Essen wächst zur Tür herein und dieser Raum schwillt und macht sich breit und lang und ich sehe in einem Bild wie durch die hintere aufgähnende Tür braunfleckig mit mahlenden

Schnauzen die Rinder hereintreiben, und während meine Zunge den Kloßbrei im Mund hin- und herrührt, sehe ich aus den Händen Krogges, des Onkels, des Bruders und im Spiegel auch aus der Hand des Matrosen Schlachtwerkzeuge wachsen, Schlachtmesser mit langen Klingen, Schlagbeile und schwarzköpfige Hämmer, damit stürzen sie sich auf die hereinschaukelnden Tiere, betäuben sie mit den kräftigen Schlägen der langstieligen Hämmer oder der Breitseiten ihrer Beile, die Körper knicken röchelnd zusammen und sie drehen die Köpfe in ihren guten Anzügen herum, daß sie sich auf die Hörner stützen, die Messer versinken einen Spann breit unter dem Kehlkopf dem sogenannten Krips tief in der Vorderseite des Halses mit leichtem Knirschen und durchschneiden die Gurgeln und Adern aus denen das Blut in warmen Bogen heraussprudelt und dampfend quillt der Mageninhalt durch den Schlund und rinnt grünlich über den Boden und während die Mäuler noch ihre Kaubewegungen ausführen zucken die Messer hinein in die zuckenden pumpenden Körper und schlitzen die Haut vom Hals bis zum After auf und ziehen sie bis zu den Nasenlöchern von den Beinen bis an die Knie und bis an den Hinterhals ab und die feuchten Hände packen die Tiere an den hinteren Beinen und bohren Walzen durch die starken Flechsen und winden die Körper kopfunter hinauf und öffnen die Bauchhöhlen und reißen Magen Darm Blase heraus und schleudern sie in Schüsseln und schärben mit Fleischerschellen den Wanst aus und kratzen und schaben und während im Hintergrund die neuankommenden Tiere die Tür mit ihren Schnauzen aufstoßen und hereinbrüllen während man sie in der Mitte des Bildes mit dem Hammer erschlägt hängen sie im Vordergrund schon an den Haken und tropfen aus. Während sich die Messer in die Körper senken, während die

Hämmer auf den Schädeln dröhnen, während aufgeschlitzt und abgehäutet zerhauen abgebrüht geköpft und ausgeschlachtet wird, während die Rinder aufschreien und zusammenbrechen, bei diesen Beilschwüngen, diesem Knochenknacken und Blutsprudeln, schabt die Geige weiter, spielt das Klavier weiter, bei diesem Brüllen Dröhnen Klatschen Hacken Röcheln Knirschen Plumpsen Spritzen Zappeln Strampeln Wälzen Splittern, bei diesem Blutgeruch und Schweißgeruch Hammerfall und Messerstich und zitternden Zusammensturz Blutstrahl und Geigenstrich, vor dieser ins Dunkle führenden Reihe nebeneinanderhängender Rinderkörper und Rinderköpfe mit glotzend aufgeschlagenen Augen, mit blutigen Halsstummeln, aufgespießt, mit noch im Tode mahlendem Maul, haben sich die Frauen in ihren seidenen Schlupfblusen auf den Stühlen zurückgelegt, die Augen träumerisch, und ihre Oberkörper wiegen sich sanft im Rhythmus der Musik.

Ja. Es war eine Zeit wie diese, ein Abend wie dieser, ein Begleiter wie dieser neben mir gehende Mensch, der, meine ich, die vollständige Wiederholung der Person Wobsers ist, der sich wie ein alter Bekannter verhält und dessen Händeschüttelei Schulterklopferei Geschichtenerzählerei mich annehmen läßt, dies sei wirklich Wobser und nicht nur seine Wiederholung, vielleicht etwas durch die Zeit verändert, die zwischen diesem Weg nach S aus der Erinnerung und meinem Weg nach S, hier, mit Sägemehl beschüttet, an diesem Abend, liegt. Wir drängen uns durch diese wurstschnappende bierschaumblasende knöpfende zappelnde stopfende tropfende Gesellschaft. Ich sehe die verklebten Körper bei ihren Handlungen, das Aufschwingen und Abschwingen der Kähne, das Hinabschütten des Bieres, das Herumschleudern der Gondeln, ich sehe die unausgesetzten Wanderungen zu den Bretterverschlägen, hinter denen es plätschert und spuckt, das Eindringen der Zähne in die Würste, das Hochheben eines Stuhles auf dem ein Erwachsener Platz genommen hat mit den Zähnen, ich sehe Männer sich ihre Hosen hochziehen und Frauen breitbeinig über dem Boden hocken, ich sehe es schaukeln und sehe Tonröhren zerplatzen und höre es knallen und trompeten und sehe einen breitnackigen Menschen mit einem ungeheuren schwarzen Gewicht im Mund auf- und abgehen. Während wir uns hindurchgraben, redet Wobser oder die Wobser ähnliche Person auf mich ein, eine alte Geschichte, sagt er, eine andere Geschichte, eine Geschichte, an die Sie sich erinnern werden, eine kurze Geschichte, eine Geschichte, hören Sie, eine Geschichte zum Brüllen. Er erzählt von einem Kraftakt, wie sagt er, »Der ausgelachte Kraftmensch«, von einem Menschen, der mit Hilfe seiner Kinnlade eine starke Eisenstange gebogen habe, und bei einem derartigen Versuch knackend bröckelnd eine Anzahl seiner Zähne eingebüßt habe. Wir kommen an eine kurze Treppe, wir steigen sie hinauf, wir stehen vor einer Kabine aus der ein dickes Gesicht herausscheint, wir legen Geldstücke neben eine Kasse, wir empfangen aus einer Hand kleine Einlaßscheine und treten an eine Wand mit einer in diese Wand eingeschnittenen Reihe runder verglaster Gucklöcher. Das erste Guckloch, ein rotes Bild, das Bild eines brennenden Scheiterhaufens, auf dem, an einen Pfahl gekettet, eine nackte Frau steht, und während die Flammen an ihrem Körper emporschlecken, hat sie das betränte Gesicht mit einem vielleicht traurigen Ausdruck zum oberen Rand des Bildes hin, wo nichts zu sehen ist, gerichtet und der dick aufsteigende Rauch wird bald sie und dieses ganze Bild verhüllt haben. Das zweite Guckloch, ein blaues Bild, ein bis auf den Grund umgerührtes aufgewühltes gequirltes Meer, mit Schaumkronen und tieffliegenden Vögeln, in der Ferne mit abgebrochenen Mastbäumen ist ein Schiff senkrecht in die Höhe geworfen, im Vordergrund schwebt auf den Spitzen der Wellen ein Floß, aus dicken mit Seilen umwickelten Stämmen angefertigt, darauf hocken in einer Art durch Gebärden ausgedrückter Verzweiflung fünf Personen, mit am Körper anklatschender zerfetzter Bekleidung, eine Person deutet auf das im Hintergrund aufgerichtete Schiff, eine zweite hält die Hände vor das Gesicht, eine dritte hält eine vierte umschlungen, eine fünfte hat die Hände betend oder beschwörend oder drohend erhoben. Das dritte Guckloch, ein ins Graue spielendes Bild, das Bild eines Schafotts, eines Hackklotzes in der Mitte, vor dem ein Mensch kniet, den Hals über den Klotz in eine dafür vorgesehene Grube geschnallt. Hinter ihm, im roten Kapuzenkittel, die linke Hand auf den geschorenen Kopf des Knienden gelegt, die rechte mit der langen dünngeschmiedeten entblößten Klinge in der Luft, steht der Scharfrichter. Am Schwert erkenne ich die Blutrinne, die zum Schmuck eingelegten kleinen Grübchen und drei in das Klingenende eingelassene Kugeln. Die Klinge ist so erhoben, daß ihre Spitze ein Stück höher steht als die Faust des Scharfrichters, damit beim Hieb, der jeden Augenblick erfolgen muß, die Bleikugeln am Klingenende die Wucht des Hiebes vermehren, indem sie die Klinge hinabreißen werden in den Nacken des Knienden. Das vierte Guckloch, ein ungeheuer ausgebreitetes in die Länge gezogenes Bild, ein Schlachtpanorama. Von der linken Seite des Bildes stürmt eine Anzahl in hintereinander gestaffelten Reihen angeordneter Soldaten nach rechts, von der rechten Seite des Bildes stürmt eine etwa gleichgroße Anzahl ebenso gestaffelter Soldaten nach links. Auf den ersten Blick besteht der Unterschied der aufeinander Zustürmenden in ihren Kopfbedeckungen, die nach rechts Stürmenden tragen Pikkelhauben, die nach links Stürmenden tragen Schildmützen, doch sie stürzen trotz dieser geringfügigen äußeren Unterschiede im Sturmschritt einander entgegen, in größerer Entfernung schießend und ladend und schießend und kniend und schießend und hockend und ladend und stehend und schießend und hockend und ladend und wieder aufspringend, weiterstürmend, die ersten Reihen berühren sich schon mit den Bajonetten in der Mitte des Bildes, die Spitzen der Bajonette dringen in den Körper, in den Schlund, erscheinen an der Hinterseite des Körpers wieder, die Körper knicken in die Knie, sinken zusammen oder liegen zerstochen am Boden. Der äußerste linke Flügel der pickelhaubentragenden nach rechts Stürmenden hat sich in den äußersten rechten Flügel der schildmützentragenden nach links Stürmenden eingegraben hineingebohrt, bajonettierend, kolbenschwingend, hier kämpft man Leib an Leib, kolbenschmetternd, bohrend, drehend, mit den Händen an den Gurgeln. Die Mehrzahl der an dieser Stelle Kämpfenden hat die Kopfbedeckung verloren, und die Ähnlichkeit der Hinüberstürzenden und Herüberstürzenden, der Hinüberstechenden und Herüberstechenden ist nun noch größer, mit rot aufspritzenden Schädeln, klaffenden Köpfen, aus den Mund geblasenen Blutstrudeln, mit aufgeschlitzten Rümpfen, die erhobenen Gewehre von oben hineinbohrend in die liegenden Körper oder von unten heraufbohrend in die höherstehenden Körper. Feuerwaffen sind an dieser Stelle unbrauchbar geworden, nur ein aufrechtstehender pickelhaubentragender Offizier schießt aus geringer Entfernung seinen Revolver in das Gesicht eines Schildmützenträgers hinein, und das Hirn des Getroffenen überspritzt das Antlitz des Nachfolgenden. Eine Entscheidung wird hier nicht fallen, eine etwa gleiche Zahl von Toten beider Seiten bedeckt den Boden des Vordergrunds, wo ein dünner Wasserlauf sichtbar ist, in dem die Köpfe und Leiber der Erschossenen Erschlagenen Bajonettierten liegen, noch mit den Tornistern auf dem Rücken, starr verrenkt, noch mit den Gewehren in den Händen. An einer anderen Stelle, etwa zwischen Vordergrund und Mittelgrund des Bildes, haben die Gegeneinanderstürmenden sich zwar noch nicht getroffen, aber doch schon, durch kleine Schußwölkchen an den Gewehrmündungen dargestellt, Kugelberührung. Die Geschoßgarben der nach rechts Stürmenden treffen auf die nach links Stürmenden, die zurückprallen, die Hände, aus denen die Gewehre fallen, heben, sie gegen die Brust, gegen den Kopf, vor die Augen pressen, um die Treffer anzudeuten, zurückstürzen, zurückfallen, tornisterbepackt umfallen, geblendet, zerrissen, mit offenem Mund. Ein nach links stürmender Offizier deutet gebieterisch, den Säbel erhoben, nach links, um die Notwendigkeit eines neuen Angriffs auszudrücken, die nach rechts Stürmenden haben hier, ebenfalls mit einem säbelschwingenden Offizier in der Mitte, einen deutlichen Vorteil, sie werfen sich mit schreienden ins Gesicht gebrochenen Mündern nach vorn, bajonettierend fahnenschwingend bohrend bohrend darüberstürzend bohrend aufspießend zurücktreibend. In langen Zügen in musterhafter Ordnung nähern sich von den beiden äußersten Seiten des Bildes neue Fußtruppen mit noch frischen roten Gesichtern und geschulterten Gewehren, sie ziehen heraus aus dem Schutt dampfender Ortschaften, sie ziehen vorbei an zwei vom Maler mit besonderer Sorgfalt dargestellten Hügeln zur Rechten und zur Linken des Schlachtgetümmels, dort stehen, auf beiden Seiten in der gleichen Haltung, mit langen Fernrohren, ausgebreiteten Landkarten, auf die sie mit den Fingern deuten, oder auf die Säbel gestützt, die zwischen ihren gespreizten Beinen stehen, auf die Bewegungen des Kampfes deutend, mit Eingläsern in den eingekniffenen Augen, mit breiten Gürteln und Goldschnallen, kostbaren Säbelgehängen, weißen Handschuhen, kurzen Kinn- oder Knebelbärten, Sternen und Kreuzen um den Hals und an der Brust, mit langen Stulpenstiefeln, zigarrerauchend auf Klappstühlen, mit Gebärden als dirigierten sie eine kolossale Symphonie, die Generäle, mit den Fernrohren nach links schauend und mit den Fernrohren nach rechts schauend. Zur Niederwerfung der nach rechts Stürmenden haben die nach links Schauenden Reiterei eingesetzt, die buschigen Helme blitzen in der Abendsonne, die Säbel sind gezogen, im Hintergrund des Bildes, für den Betrachter gut sichtbar, attackiert sie den äußersten linken Flügel der nach rechts Stürmenden, die Lanzen sind gesenkt, Schaum fliegt aus den Pferdenüstern, aufgestampfter Staub liegt wie ein feiner leichter Schleier über diesem Bildteil, ein Kavallerietrompeter bläst, die Sporen drücken sich in die Weichen, schimmernd trompetend galoppierend in weiten Bogensätzen sprengt die Reiterei vor, auf die mit vorgestreckten Bajonetten hockenden verdünnten Reihen der Fußtruppen, ein Anprall, ein Niedersäbeln, ein Auseinanderhauen und Durchbohren, ein Niedersinken mit gespaltenem Kopf, ein Aufbäumen, Herabstürzen, Weiterschleifen an Steigbügeln, ein Aufklaffen, Abreißen, Herumwirbeln, ein Durcheinander von Bewegungen, von Körperteilen, von Köpfen, Armen, Säbeln, Hufen, Helmen, ein Aufleuchten, Aufspritzen, Verstümmeln. In diesem Teil des Bildes in Stücke geschlagen aufgerissen am Boden übereinander Pferde Reiter und Fußsoldaten, dieser Reiterangriff ist zusammengebrochen, und es ist die Artillerie, die, von links nach rechts schießend, die Entscheidung herbeigeführt hat, und es zeuge für die Klugheit und den Weitblick der von links nach rechts blickenden Generäle, sagt neben mir Wobser, daß sie die Wirkung der Artillerie offenbar erkannt und gut ausgenutzt haben. Die in der linken hinteren Hälfte des Bildes aufgefahrenen Kanonen spucken Granaten mit roten Schweifen, dampfen und spucken und sprühen, und die Kugeln platzen in den Gruppierungen der nach links gerichtet Kämpfenden und wirbeln sie in die Luft zusammen mit Schmutzgarben und Sprengstücken und alles ist unter einem blutroten Abendhimmel gemalt, alles spielt sich auf diesem Bild, mit diesen tausend nach links schreienden und tausend nach rechts schreienden Mündern, nach links fliegenden nach rechts fliegenden Geschossen, nach links stoßenden nach rechts stoßenden Bajonetten vor der Farbenpracht des rotschimmernden Horizonts ab, und dieses Bild singt und schreit und strahlt und kracht wie noch nie und ist doch ganz stumm, und in dieser Stummheit ist in der Abendröte alles in der Bewegung des Tötens erstarrt.

Jetzt wandert das Mondlicht an der rechten Seite des Zimmers entlang, es zieht über die Gesichter, über Schlötzers Gesicht, Gibsers Gesicht, Wurzers Gesicht, das sich in einem Schlaf verkrochen hat, Schutzers Gesicht, auch über das im Spiegel schwimmende Gesicht des Matrosen, es trifft auf Ruckgaber, der sich verbeugt, die Geige matt in der Hand und sich den Schweiß von der Stirn wischt, der durch die Geschwindigkeit des Hin- und Herschabens erschienen ist, er trifft auf den Direktor, der sich vom Klavierschemel erhebt, auch er verbeugt sich und auch er wischt sich das Gesicht. Der Mond schwirrt vorbei und plötzlich mit dem Knacken des Schalters strahlt die Lampe über dem Tisch auf. Ich sehe wie alle sich erheben und klatschen, wie Wurzer nun aus der Tiefe seines Schlafes herausgeschleudert aufspringt und klatscht, und wie auch im Spiegel der Matrose sich erhebt und klatscht, und so erhebe auch ich mich und klatsche. Ich sehe hinüber zum Fenster, die erleuchteten Häuser, die Schornsteine, die zu dampfen beginnen, die angesteckten Straßenlaternen, das Rauschen der vorbeitreibenden Fahrzeuge, und vielleicht etwas wie eine Stimme im Fenster des gegenüberliegenden Hauses, aus dem sich eine Frau beugt, vielleicht etwas wie Es ist soweit. Ich sehe sie das Fenster schließen und diese Bewegungen wie Umrühren, das Aufklappen des Schrankes, das Herausheben einer Dose, deren Deckel sie abschraubt, deren Inhalt sie in ein Gefäß, das ich nicht sehe, es muß unterhalb der Fensterbank stehen, schüttet. Und nun, ich weiß nicht ob es eine Bedeutung hat, schlägt sie die Hände vor ihr Gesicht. Diese Veränderung. Ein langsam verwelkendes Bild auf der anderen Seite, etwas, das an der Oberfläche abstirbt, ein abgebalgter Abend, oder etwas, das zur Ruhe kommt, vielleicht eine Pause bevor etwas Neues einsetzt, ich weiß nicht, andererseits

Was für eine Eröffnung des ersten eigenen Buches! Im doppelten Sinn ein gewaltiger Satz, mit dem der vollständige, Einleitungskonventionen zuwiderhandelnde, abstrahierende und konkrete Ror Wolf vor die Augen des Lesers springt. Bevor das Losstürmen des Ichs geschieht, eines erwachsenen und offenbar verheirateten Kindes, ist der erzählerische

Aufbruch endgültig vollzogen. Wort für Wort sehen wir dem Entstehen von Landschaften zu, einer Welt, die mit den Augen eines wissenschaftlich begabten, aber ins Menschlich-Gesellschaftliche nicht recht Eingeweihten erlebt wird. Dinge, vor allem Vorgänge, sind für ihn faszinierender als Personen. Absprachen über die Schicklichkeit von Reihenfolgen und Gefühlen kennt er nicht. Um so stärker wirkt das Grauen des Schlachtens (der anderen Seite des Essens) und das der Schlacht auf den Leser. Und zwar ambivalent, gleichzeitig zynisch und gnädig entrückt: präsentiert als animiertes Bild, sogar diesmal durch ein Guckloch, zur gefälligen Unterhaltung – und weil es sich anders kaum ertragen ließe.

| Einbrechen im Eis.   Man lege sich auf den Bauch und schiebe sich vorwärts, dabei über knackende Stellen schnell hinweggleitend. Hat man außerdem eine leichte Leiter zur Hand, sieht die Sache nicht übel aus. Teiche und Seen, die von bewohnten Häusern weit abliegen, betrete man nie, wenn in der Gegend kein Mensch zu sehen ist, denn dann ist man ohne Zweifel verloren. Natürlich ist die Gefahr auf fließenden Flüssen noch größer, weil Eingebrochene unter der Eisdecke fortgespült werden. Man wage sich also erst dann auf einen gefrorenen Fluß, wenn Leute mit Leitern sich in der Nähe befinden.

| Erfolg, ausbleibender.   Bleibt der Erfolg aus, so setzt man sich über ein Gefäß mit heißem Wasser auf einen dampfenden Stuhl, den Dampf durch ein großes über die Knie gelegtes Tuch zusammenhaltend, wobei man sich vor Verbrennungen zu hüten hat. Nützt auch das nichts, so tut etwas anderes oft gute Wirkung, ohne daß Dampf in Erscheinung tritt.

Falschheit: siehe *Aufrichtigkeit*

Faulheit: Faulheit, Frechheit, Feigheit, Flüchtigkeit, Flatterhaftigkeit, Faselei gehören nach Angaben von Forschern in das Gebiet der Fehler und bedürfen keiner weiteren Erklärung.

Garderobe. Wer zu schäbig ist und die kleine Ausgabe scheut, bleibe lieber weg.

Gefühl. Ich spreche jetzt etwas aus, das bei vielen ein außerordentliches Staunen hervorrufen wird: Der gewaltige Walfisch soll durch die geringste Berührung einer Haut zum sofortigen Tauchen bewogen werden. Der Elefant spürt augenblicklich die Fliege, die sich auf seine Haut setzt. Dem Ochsen verursacht das leise Kitzeln zwischen den Hörnern ein angenehmes Gefühl. Aber all diese Tiere sind gefühllos im Vergleich zum Menschen, bei dem die äußere Haut so dünn und so zartfühlend ist, daß sie den leisesten Lufthauch empfindet.

Geißelbeize. Bei der Löfflerschen Geißelbeize sieht man das, was ich auf dem vorstehenden Bild zeige und was mich eigentlich aller weiteren Worte enthebt, da man ohnehin nicht mehr weiß, was man sieht. Man verstrickt sich dagegen in Schwerfälligkeiten und Unklarheiten in der Spaltpilzkunde, und das sind die drückendsten Rätsel in der verknoteten Geschichte der Natur. Wir sollten das nicht vergessen, sagt der geistvolle Hartmann in seiner kleinen Schrift: *Die Beseitigung des Hungers durch Fleisch.*

I

Das einfachste wäre ein Programm. Das bequemste wäre, Theorien weich auszupolstern, um sich auf lange Sicht darin einzurichten. Ich habe mich also in Theorien umgesehen, ich habe daran gezupft und geklopft, ich habe versucht, es in ihnen auszuhalten, aber sie sind über mir zusammengefallen. Das Sicherste, was ich sagen kann, ist deshalb: ich habe es mit dem Schreiben zu tun. Ich habe es mit Papier und Schreibmaschine zu tun; mit Erfahrungen, Vorstellungen, Absichten, die das Schreiben betreffen, die sich in meinem Kopf ablagern aber keine Anstalten machen, sich zu Thesen zu verdicken.

Also wie weiterschreiben? Vielleicht ist alles gesagt und getan, alles eingerissen und umgestoßen, alles erneuert verändert durchgespielt ausprobiert. Vielleicht ist wirklich der Punkt gekommen, wo nicht mehr literarische Theorien in Frage stehen, sondern wo sich die Literatur selbst in Frage zu stellen hat.

Die Buchwarenindustrie setzt, wie es scheint, blind auf ein unablässig in Büchern blätterndes Publikum; sie vertraut dem literarischen Appetit von Leuten, die es sich längst vor dem Bildschirm bequem gemacht haben. Bücher, die nicht das Glück haben, als Pornographie indiziert zu werden, sind wohl vor allem noch Futter für Feuilletonisten und Rezensenten; Treibstoff für einen Kulturapparat, der unablässig schlucken muß, um etwas ausscheiden zu können. Und natürlich wird auch von solchen Autoren, die sich dem Sog der Anpassungen zu entziehen versuchen, dieser Apparat nicht gestört, sondern geschmiert und in Gang gehalten. Darum tritt jetzt, während ich auf meinem kleinen schwenkbaren Stuhl sitze, an die

Stelle der Frage: *wie weiterschreiben*, eine andere: *wie aufhören zu schreiben.*

2

Also wie aufhören und diese winzige Rolle aufgeben, die man zu spielen glaubt; diese winzigen Schritte in eine Richtung, die vielleicht gar nicht vorwärts führt, sondern im Kreis herum; diese Suche nach Lücken, in die man noch einmal hineinpaßt.

Wo keine Bücher gelesen werden, brauchen keine geschrieben zu werden. Was sich mit einem Druck auf den Knopf in Bewegung setzt und mühelos vom Fauteuil aus betrachten läßt, ist im Vorteil. Damit, meine ich, hat man sich abzufinden. Literatur wird vielleicht für die Gesellschaft insgesamt gründlich überflüssig.

Aber es ist immerhin denkbar, daß eine kleine abschätzbare Gruppe von Lesern übrigbleibt. Ich denke nun wirklich nicht an die Kulturwärter im Lodenkostüm, die in ihrer gefrorenen Abwehrpose aufs Fernsehen deuten und immer noch den Verfall aller Werte bekanntgeben. Von mir aus kann das, was sie feinsinnig und auf Zehenspitzen umschleichen, die Kunst für Feierstunden, gänzlich verdampfen. Ich gehe zum Fußball, nicht in die Oper; Coltrane ist mir lieber als Karajan; Karl Valentin lieber als stefan george. Ich mache mir hier einen Leser zurecht, der seinen Bedarf an übersichtlich arrangierten Handlungen, an den sogenannten aus dem Leben gegriffenen Figuren vom Kino bezieht; vom Western etwa: wie ich. Es ist ein Leser, der Bücher nicht als Repräsentations- oder Weihegegenstände, sondern als Gebrauchsgegenstände nimmt. Er erwartet nichts höheres von ihnen, sondern etwas anderes: er weiß, daß er es da vor allem mit Sprache zu tun bekommt.

3

Wer gelassen seine Felle davonschwimmen läßt, spekuliert nicht auf die Zukunft. Tatsächlich liegt mir wenig daran, programmatisch festzulegen, wohin sich mein Schreiben zu entwickeln hat. Wie ich morgen schreibe, wird davon abhängen, was um mich herum vorgeht, was auftauchen wird, worauf ich reagieren werde. Wichtig für mich ist allein das, was heute im Umkreis meiner Praxis passiert. Ich kann meine Methoden aufschneiden und sezieren, aber ich weiß, daß Methoden flexibel sind, durchlässig und offen für das, was ihnen in die Quere kommt. Vielleicht wird das Verfahren von morgen dem heutigen entschieden widersprechen.

Daß ein Buch nicht aus einem einzigen kreativen Augenblick herausschwillt, ist kein Geheimnis. Die Voraussetzung zum Schreiben ist kein festes Konzept, mit dem ich mich an den Tisch setzen kann; keine fixe und fertige Vorstellung vom Inhalt. Das Schreiben beginnt überhaupt nicht am Tisch; es hat immer irgendwo schon begonnen und es hört, das ist kein Vergnügen, nirgendwo auf. Anlaß sind überall kleine und kleinste Stoff- und Sprachpartikel, die mich reizen und anstoßen, die ich notiere, die sich wie von selbst zusammendrängen und Beziehungen anknüpfen wollen. Es sind die Einfälle, die mir in den Kopf kommen: es sind die Fundstücke aus meiner Umwelt, Satzstümpfe und Wortbrocken, Fetzen aus Prospekten, Journalen, Katalogen; Textstücke aus Kolportageheften und Groschenblättern; Gebrauchsanweisungen auf Suppenbeuteln, Schlagzeilen, Werbesprüche. Es ist der ganze Wortschwall der Gesellschaft, die vor meinen Augen mit verteilten Rollen auftritt; Fachjargon und Tonfall der Bürokratie, Müll der Redensarten und das flaue Gemurmel der Politik. Es ist das, was ich täglich aufschnappe, was ich finde, was über mich herfällt; das, was ich an Erinnerungen mitschleppe, was sich in meinem Bewußtsein reibt: Erfahrungen, Reflexionen, Traumreste, Phantasmagorien. Alles wird nach seinem Gebrauchswert abgeklopft, gebündelt, gespeichert; auch und gerade das, was früher unter den Tisch fiel: das Unnütze, Wertlose, Banale.

Bei der ersten flüchtigen Bearbeitung tritt die Phantasie in Kraft. Die Stücke keimen und wachsen und bilden winzige Zusammenhänge. Der Bauplan, in dem das geschieht, ist noch nicht starr; er entwickelt sich vielmehr in der Berührung mit dem Material, er nimmt dessen Eigensinn in Kauf und muß elastisch genug sein, sich noch beim Prozeß des Schreibens verändern zu können.

4

Ein Buch wäre nun denkbar, in dem alles Material dem Zufall ausgehändigt wird; in dem alle Partikel frei wuchern oder im Rohzustand aneinandergeklebt sind. Darum geht es mir nicht. Je deutlicher das zentrale Thema sichtbar wird, um so mehr drängt es darauf, ganz bestimmten Stoff zu finden und zu erfinden. Ein Kompositionsprinzip erscheint, dem sich alle Details unterzuordnen beginnen. Die Stofftrümmer werden eingeschmolzen und mit allen Handgriffen der Stilisierung bearbeitet. Wortreihen und Satzperioden sind auf Rhythmus und Klangwirkung aus; Motive verabreden sich miteinander und werden kaleidoskopisch abgewandelt; Material, das zunächst wichtig schien, wird abgeschlagen oder umgesetzt. Was spielerisch, wie ein Ausprobieren und Zusammenprobieren einsetzt, unterwirft sich zusehends formalen und thematischen Überlegungen, wird kalkuliert, kombiniert, komponiert.

Die Komposition tritt an die Stelle der durchgehenden Handlung, und darum ist jeder Satz so wichtig wie der andere, jeder schraubt sich in den folgenden und der letzte der noch lange nicht der allerletzte ist, soll im Leser selbst weiterrotieren. Die Ränder dieser Prosa, Anfang und Ende, sind offengehalten, der Stoff bleibt in Bewegung, ist aber zugleich durch die Form eingegrenzt; sie gibt das Zeichen zum Anfang und sie bestimmt, wo Schluß ist.

In *Fortsetzung des Berichts* ist die Zeitfolge durch ein einfaches alternierendes Prinzip aufgehoben. Zwei Erzählstränge verzahnen sich. Im einen wird ein Zimmer beschrieben, eine monströse, in allen ihren Momenten fixierte Mahlzeit; im anderen eine Wanderung durch eine halb ländliche, halb vorstädtische Gegend, mit komischen, trivialen, bizarren Ereignissen. Gegenwart und Vergangenheit werden vertauscht und durchwachsen sich im Kopf des Ich-Erzählers, der an dieser Mahlzeit teilnimmt, zugleich aber auf dem Weg zur Mahlzeit ist. Durch die Fenster des Zimmers sieht er auf Landschaften, die er im anderen Textstrang gerade durcheilt. Die Fugen dieser disparaten Zeitstufen und Räume sind übertüncht; die parallelen Handlungszüge greifen so motivisch, inhaltlich, sprachlich ineinander und bilden scheinbar einen fortlaufenden Kontext; die Kontinuität des traditionellen Erzählens wird vorgetäuscht. Am Ende des Buches erreicht der Erzähler das Zimmer, in dem er von Anfang an saß.

Der ironisch-spielerische Umgang mit den Techniken des konventionellen Romans taucht auch in meinem zweiten Buch auf. In *Pilzer und Pelzer*, einer *Abenteuerserie*, wie ich im Untertitel behauptet habe, sind Handlungsstränge gebündelt, verknoten und verheddern sich, laufen nach verschiedenen Richtungen auseinander und treffen wieder aufeinander, knicken um, brechen ab und lassen aus den Bruchstellen neue Handlungen heraustreiben. Schauplatz ist ein Haus, dessen Dimensionen zusehends wachsen, um Platz zu machen für alle Möglichkeiten des Abenteuers. Immer neue Zimmer, Gänge, Stockwerke bieten sich an; immer neue Figuren treten auf und spielen auf Stichwort mit. In vierzig kleinen Kapiteln, die auf den Seriencharakter von Kolportage, von Comic-strips und Groschenreihen verweisen, ist der Stoff von Abenteuerromanen, Reisebeschreibungen, Kriminalgeschichten, Horrorfilmen, Katastrophenberichten gesammelt, zerhackt, vermischt, auf engem Raum gerafft und zusammengedrängt worden. Dabei ging es nicht um Parodie dieser Stoffe, sondern darum, ihren ›Hautgout‹ in neuen sprachlichen und formalen Anordnungen wirken zu lassen.

Entscheidend für den Zusammenhalt beider Bücher ist, neben dem Kompositionsprinzip, die Stimme des Ich-Erzählers, des Berichterstatters einer amöbäischen Umwelt. Er tastet sie ab, er fühlt ihre poröse Oberfläche, entdeckt ihre Abweichungen, Verwandlungen, Umstülpungen. In seinem Kopf kommt das, was er an Bruchstücken aufnimmt, in Bewegung. Er registriert und behauptet und stellt alles wieder in Frage; er zeichnet präzise Bilder und verwischt sie; er baut Worttürme und läßt sie zusammenstürzen. Realität kommt als pausenloses Geschehen auf ihn zu, wird durchspült von Erinnerungen, ist in allen ihren Phasen gleich wichtig: noch die minimalste Geste, das Anzünden einer Zigarre, das Öffnen einer Tür, kann zum Abenteuer werden; zum Element eines anderen, größeren Zusammenhangs, der nicht erscheint; zum Element einer größeren Handlung, die nicht stattfindet.

Keine raunenden Botschaften; keine Ideologien, denen man zunikken könnte; keine dampfenden Bedeutungen; keine abhebbaren Tendenzen; keine echten Anliegen; keine Bildungsbrocken für Leser, die ihre Lektüre allein danach absuchen; keine verbindlichen Aussagen; keine Ideen vom großen und ganzen; keine Charaktere, die nach psychologischen Richtlinien agieren; keine Moral; aber: Spiel, Heckmeck, Hokuspokus, Burleske, Wortakrobatik, Spaß; Spaß, der freilich an jeder Stelle umschlagen kann in Entsetzen. Das soll weder in den Klappkasten der schöngeistigen noch der engagierten Literatur passen. Sicher ist aber, daß alle Stoffpartikel, die ich verwende, alle Sachverhalte, die ich darstelle, aus der Realität stammen und auf die Realität gerichtet sind. Ich verarbeite Erfahrungen, die ich in dieser Gesellschaft gemacht habe, und ich lege sie gegen diese Gesellschaft, die in ihren Konventionen fett geworden ist, an; aber natürlich weiß ich, daß sie sich von Büchern kaum aus ihren Gewohnheiten aufscheuchen läßt.

Die Beteuerungen von Autoren, ihre Bücher seien für alle da, klingen solide, in Wahrheit sind sie arrogant oder naiv optimistisch. Ich verkneife mir die Verbeugung nach allen Richtungen. Wer nicht lesen will, wird nicht lesen; wer etwas anderes lesen will, wird etwas anderes lesen. Wer aber nun tatsächlich meine Bücher lesen will, sollte sich hineinlocken lassen in das Geflecht von Vorgängen und Erscheinungen; er soll sich den Weg hauen durch ein Dickicht von Sätzen; er soll in Fallen stürzen und sich aufspießen an Worten; er soll mit den Bewegungen der Sprache die Ritzen und Buckel der Realität nachfahren, die mikrobisch und monströs, bizarr und banal, konkret und phantastisch zugleich ist. Vielleicht wird er neue sinnliche Erfahrungen machen; vielleicht gelingt es mir, ihn zu überraschen, zu erschrecken, zu ärgern, zu animieren, zu stören, zu verblüffen, zu reizen, zu unterwandern, zu zersetzen, zu erregen, zu schütteln, zu quälen, zu unterhalten, zu bluffen, zu spannen, zu verwirren, zu amüsieren, anzustoßen, anzuspitzen, aufzukratzen, aufzustacheln, zum Lachen zu bringen, seine Phantasie in Bewegung zu setzen. Was er sich dabei und hinter den Texten denkt, ist seine Sache; wenn er mitspielt, wäre ein Buch am Ende auch das, was *er* daraus macht.

Es mag sein, daß ich unter anderen Voraussetzungen anders schreiben würde; aber das sind meine Voraussetzungen, hier, auf meinem kleinen schwenkbaren Stuhl, beim Schreiben.

I Haut und Hose. Wenn ein Mann jahrelang auf der Hose herumsitzt, so wird dieses Kleidungsstück glänzend und dünn und bekommt am Ende ein Loch. Wie kommt es, daß nur die Hose und nicht auch die Haut des Mannes von diesem Schicksal betroffen wird? Nun: weil die Haut lebt, die Hose aber tot ist. Die Haut wird unaufhörlich von Blut durchströmt, die Hose nicht.

I Heimweh. Das Heimweh ist ein durch unbefriedigte Sehnsucht nach der Heimat oder nach einem anderen Ort hervorgebrachter, den Organismus untergrabender Zustand von Schwermut, zu dem sich gewöhnlich noch andere Krankheiten, wie Mangel an Eßlust, Verstopfung und Abmagerung gesellen, denen dann chronische Krankheiten, Geistesstörungen, Tuberkulose und schließlich der Tod folgen. Gegen das Heimweh schützen weder Alter noch Bildung noch Einfalt; jedoch kommt es am häufigsten beim weiblichen Geschlecht und bei in die Ebene versetzten Gebirgsbewohnern vor. Kann das am schnellsten und sichersten wirkende Gegenmittel, die Rückkehr in die Heimat, nicht angewendet werden, so versuche man, durch passende Lebensweise, Zerstreuung, Anstrengung und kräftige Nahrung dem Übel entgegenzuwirken.

| Hirnzelt. Der vom Hahnenkamm des Siebbeines bis zur Mitte des Hinterrandes des großen Hinterhauptlochs in der Mittellinie verlaufende Fortsatz der harten Hirnhaut wird als *Hirnsichel*, der quer verlaufende, also von der queren Mittellinie der Innenfläche der Schuppe des Hinterhauptbeines ausgehende Fortsatz dagegen als *Hirnzelt* bezeichnet, und zwar nicht nur von Doktor Lemm, sondern auch von mir.

Als ich, noch vor dem Erscheinungsjahr von *Pilzer und Pelzer* als Buch, in einer Anthologie zufällig unter der Überschrift »Achtung Achtung« auf Stücke dieser im Entstehen begriffenen Abenteuerserie stieß, war mir sofort klar, daß ich Vergleichbares noch nie gelesen hatte, weder in der älteren Moderne noch in der neuesten französischen oder österreichischen Literatur. Ich war, auf berauschende Weise, wie vor den Kopf geschlagen von einem so zweifellos avantgardistischen Text, der aber, ohne jede asketische Programmatik, ohne Selbstkasteiungen und Einsparungen, ein Feuerwerk von Sinneseindrücken abbrannte, mit einer fast vergessenen Wortfülle prangte und dennoch jedem fetten Großmeisterton fernblieb. Ich konnte mir keine überzeugendere Lösung vorstellen, mit unveralteter Lust zu erzählen, ohne in früheren Erzählmustern brillieren zu wollen oder sich in ihnen zu aalen. Oder war es einfach nur die Melodie, die mich mitriß? Und dabei konnte man beobachten, als das komplette Buch vorlag, wie sich die Figuren, die oft nicht mehr wissen, ob sie Pilzer, Pelzer oder jemand anders sind, sich der Welt, die sogar in ihrer stabilen geographischen Ordnung aufgelöst ist, durch Begriffe und Klassifizierungen zu bemächtigen suchen. Aber wo sie auch hinsehen, in jeder Ecke zersetzt sich das Feste und beginnt von Unerwartetem zu wimmeln. Wie gut, daß es wenigstens als Relikte der Beständigkeit die seufzenden Witwen, die Sofas, die Zigarren gibt!

Pilzer und Pelzer (1967)

(...)

3 Ein verlängertes Wochenende

Plötzlich ein Ausruf der Genugtuung. Ich sah Pilzer am Tisch etwas abschaben und zusammenkratzen, etwas mit der Pinzette gegen das Licht halten und in der Luft drehen. Er sprach in seiner bekannten Liebenswürdigkeit von abgeschlossenen Ereignissen, von einem kurvenreichen Dahinfahren, denn dieses Automobil aus der Vergangenheit bog auf dem Weg, den Pelzer beschrieb, plötzlich nach rechts hinein in die Öffnung einer sehr breiten glatten Chaussee und glitt an langen in die Ferne hineinschrumpfenden Bretterwänden vorbei, auf denen jetzt alle diese mageren fleischfarbenen Frauen sanft lächelnd aus ihren weiten Röcken steigen, mit einem Bein in der Luft, um zu beweisen, wie leicht das gerade in diesen schwarzschimmernden Schlüpferhosen mit den Kontrollverstärkungen über den Schenkeln und den straffenden Spitzenpatten geht, dieses Heraussteigen und diese halben Körperdrehungen, diese Wendungen in die Richtung, in die nun das Auto mit großen geblähten Reifen hineinfährt am Abend mit hart klappernden Kanistern im Kofferraum, durch eine weiße Landschaft, ganz weiß vom darüberhängenden Mond.

So könnte man alles zusammenfassen, was durch meinen Kopf zog. In der Dämmerung in der Tiefe des Zimmers saß die Witwe schwarz dürr, fleischlos aufschluchzend und mit den dünnen Fingern knackend. Sie sei in einer Art Verzweiflung, sagte sie jetzt, ich wunderte mich über ihre Ausdrucksweise, Pelzer sprach von den Wechselfällen des Lebens, sie wolle sich ganz aus der Gesellschaft zurückziehen, sagte sie, trauriges Ereignis, sagte ich, betrüblicher Vorfall. Pilzer, finster gelb kahl, sprach von einem Hügel von Erinnerungen, den er in seinem Kopf aufgeschaufelt habe. Er erinnere sich zum Beispiel an das Schluchzen der Witwe, es sei übrigens kein Schluchzen gewesen, eher ein Schnüffeln oder ein Schnaufen, auch ein Seufzen, das sei schon möglich, vielleicht ein Röcheln, ein Gurgeln, ein Keuchen, auch das, vielleicht auch ein Wimmern, ein Stöhnen, aber kein Schluchzen, eher ein Kreischen, ein Schreien. Und nun beschrieb Pilzer, wie sie schluchzend, also doch schluchzend, den Kopf in die Arme legte, wie sich ihr schwarzer magerer Körper schüttelte, wie sie begann, in ihr Taschentuch zu weinen, ihre ganze unerhörte Niedergeschlagenheit, ihr Schmerz, ihr furchtbarer Kummer floß also hinein in dieses Tuch, ihr Körper schüttelte sich und bäumte sich auf und sank von neuem zusammen über dem kleinen kugelförmigen Schmerz in der Mitte, sie sank über diesen Schmerz und begrub ihn mit ihrem Körper und zerdrückte ihn mit einem Hauch, einem Ton, Jammer Qual, sagte sie, keine Hoffnung, niemals froh, nie wieder lachen, Zukunft dunkel, kein Trost, kein Tröster, kalte Abendstunden, und bei diesen zu einem endgültigen Abschluß sich zuspitzenden Vorstellungen schossen wieder die Tränen heraus aus den Augen, und nun begann in ihrer Hand das Tuch zu beben und sie sprang in die Höhe und preßte die Hand mit dem Tuch an den Kopf und schrie, wie gesagt, schrie, solche Schreie, mein Herr, haben sie noch nie zu hören bekommen, sie schrie, als ich fortging, und als ich zurückkam, schrie sie noch immer. Nur ihren letzten Schrei preßte sie mit dem Tuch, das in dieser Erinnerung eine große Rolle spielt, zurück in den Mund.

Ich wartete eine Weile auf den Anfang eines neuen Satzes. Ich sah Pelzer vor dem Spiegel eine Zigarrenbauchbinde abstreifen und sich ins Gesicht lachen. Und nun spielte sich in diesem Zimmer ganz ohne äußere Veranlassung wieder die Szene ab, die ich schon geschildert habe. Ich erinnere mich nicht genau, was ich tat, es ist eine Weile her, womöglich sah ich zum Fenster hinaus. Die Umgebung kahl, dürr, Kalkklippen, Karrenfelder, eine nach allen Richtungen hin zerhackte hohlgeschabte durchgesägte ausgemeißelte Landschaft, das muß ich sagen, eine Landschaft mit Schrammen Schlitzen und Schnitten, so wie sie sich in meiner Erinnerung auseinanderfaltet, mit Trichtern Kesseln und Becken, nackt, geräuschlos, bewegungslos. Und Pelzer deutete mit der Zigarre auf das, was man sah, das waren nach seiner Meinung die Resultate des unmerklich aber erfolgreich ausschleifenden Regens, der ausdörrenden Hitze und der zerspaltenden Kälte.

Der nächste Tag, Montag, kalt, stürmisch. Eine schwarz und gefährlich aussehende Nacht flog schnell heran, eine sehr dichte Finsternis, in der wir mit den Köpfen gegeneinanderstießen. Ich fühlte, nun war ein Mißverständnis da, vielleicht das erste und von allen noch geringfügigste einer ganze Reihe von Mißverständnissen und Verwicklungen. Und plötzlich, jawohl, plötzlich, lieber Gott, meine Güte, plötzlich nickte mir die Witwe vom Mond weiß beschienen zu.

(...)

13 Verschiedene Arten zu pfeifen

Alles warf schon seine Schatten voraus. Knackend löste sich etwas ab, platzte, glaube ich, und kroch über die Wand, während die Meeresgeräusche hereingespült wurden, das verstopfte Hupen der Barkassen, das gequetschte Schreien der Möwen. Der Matrose war aufgesprungen, in seiner Erzählung war gerade der Steuermann aus einem Schlaf geschleudert aufgesprungen, augenblicklich von den Planken gewaschen und vom Meer verzehrt worden, mit einem einzigen riesenhaften Schrei, den der Matrose jetzt mit an den Mund gelegten Händen aus der Vergangenheit herausdrückte. Die Witwe, eine Frau mit einem schwarzen Nest auf dem Kopf, begann langsam die Handschuhe abzuziehen und das Innere knisternd nach außen zu stülpen. Damals stand ich am Fenster. Ich sah große mit Mühe bearbeitete Rübenanpflanzungen, auch Kartoffeln und Kohl, ich sah dichte Krusten und Flechten über die glasigen Felsen wachsen, darunter das von Pelzer beschriebene Moos, eine sülzige Pflanze, die auf verschiedene Weise zubereitet und gegessen wird, ich sah auch Schürzen schwarze Mützen stangenartige Auswachsungen in dieser ganzen vor mir liegenden Landschaft.

Morgenspaziergänge. Schwere schwarze Zigarren. Nachts nichts.

Pilzer sah ich selten in dieser Zeit, er hielt sich zwischen den Gefäßen seines Laboratoriums auf, zerlegte mit großer Geduld die Mischkörper, erschloß die zusammengesetzten Dinge und ruhte nicht eher, bis alle die unter der Rinde der Natur verborgenen Überraschungen zum Vorschein kamen, ich brauche das nicht zu beschreiben, Nachrichten darüber liegen schon vor. Pilzer sah ich selten in dieser Zeit. Aber vielleicht war es Pelzer, den ich in dieser Zeit selten sah, Pilzer oder Pelzer, einer von beiden, ich glaube der größere von beiden, aber wer war der größere? Vielleicht der dickere von beiden, gut, aber wer war der dickere? Ich wußte es nicht, es war mir entfallen. Oft traf es sich, daß einer von beiden mit dem Revolver in der Hand hereinstürzte und schrie, daß er sich vor niemandem fürchte. Oder es kam vor, daß einer von beiden, weil er eine empfindliche Konstitution hatte, plötzlich zum Niesen gebracht wurde. Er ließ sich nicht überraschen, hatte zur rechten Zeit ein Taschentuch in der Hand und verbarg darin die Zuckungen, die beim Niesen einzutreten pflegen, er hauchte ohne Lärm ohne Nachhall hinein und tauchte sogleich wieder mit erquicktem Gesicht aus den Falten hervor, um diesen kleinen Vorfall nachträglich zu belächeln. Zweifellos ein Meisterstück der Selbstbeherrschung von einem von beiden, aber von wem? Ich suchte nach Anhaltspunkten, nach äußeren Unterschieden, besonderen Merkmalen. Pilzer, hörte ich, trete seit jeher mit einem Kahlkopf auf, Pelzer dagegen mit einem dunklen dicken Schopf, aber wie es so sei, hörte ich, habe Pelzer im Laufe der Zeit seine Haare verloren und sehe Pilzer nun tatsächlich ähnlich, Pilzer freilich habe sich gerade zu dieser Zeit eine Perücke angeschafft, und alles sei nun wie vorher, nur alles jetzt umgekehrt, denn was früher für Pilzer galt, gelte heute für Pelzer.

Eines Tages aber doch Pelzer. Wie ist es Ihnen ergangen, fragte er mich. Er sprach halb singend, die Endsilben seiner Worte mit Seufzern verlängernd. Ich hatte mir unser Wiedersehen anders vorgestellt. Wir führten Gespräche über die Ereignisse dieses ganzen Tages, in dessen Verlauf ich nach Pilzer fragte. Pilzer? sagte Pelzer, er wisse nichts von Pilzer, er glaube nicht an die Existenz Pilzers, Pilzer existiere nur in meinem Kopf, in Wirklichkeit sei der, den ich für Pilzer hielt, nicht Pilzer, sondern ein anderer, vielleicht Polzer. Pilzer, nein, es gebe ihn nicht, es habe ihn nie gegeben, aber ihn, Pelzer, den entschiedenen Gegner Pilzers, gebe es, und er sei jetzt einer Sache auf der Spur, die alles übertreffe, was ihm bisher vorgekommen sei, überhaupt finde er, das sei merkwürdig, überall wo er auftrete Überraschendes und Verdächtiges, doch er erwarte noch mehr, Dinge, wie er sagte, bis zur Decke hinaufgeschwollen. Ich sah sein Gesicht, ein aus vielen verschiedenen Stücken zusammengenähtes Gesicht, mit glühenden Einstichen und Nahtstellen, seine aufgeblasene, rote, weit über die Augen hinausgewachsene Stirn, diese morsche pudrige Rinde mit den groben Nähten, diese schmalen schwärzlichen feuchten Lippen, das in die Tiefe hinabhängende Kinn, natürlich die Spitzen der Backenknochen mit der dünnen dunkel darübergespannten Haut, fleckig, diese weißen gespreizten großflächigen an die Gelenke geschraubten gewölbten zum Halsumspannen geeigneten Hände, mit denen er Steine zerknackt, Billardkugeln zerreibt, gelegentlich auch Klavier spielt, diese Hände, die sich jetzt an den angewinkelten Armen hoben und zuckten und meterbreit zum Zusammenpressen spreizten, diese harten geschärften gespitzten Daumennägel zum Hineindrücken und Aufschlitzen, bläulich, jetzt diese schweren schwankenden Schritte, diese knarrende mechanisch aus dem Bauch heraufsteigende Stimme.

Weiter nichts. Ich versank hinter meiner Zeitung. Plötzlich die Witwe, etwas davon ist in meinem Kopf zurückgeblieben, ihr sei die Luft gewachsen oder die Lust gewachsen, etwas Derartiges. Plötzlich die Witwe, ein Nest von Erinnerungen, vielleicht ein schweres samtiges Kleid, nein, vielleicht etwas Seidiges Knisterndes, ich berührte jetzt ihre Hand und fand sie kalt. Sie hatte zu klagen. Keine Sorge, sagte ich. Alles mager groß schwarz, alles hart, alles spitz, alles verschleiert dünn rauschend. Keine Sorge, sagte ich. Sie fragte, ob ich es pfeifen hörte. Pfeifen? sagte ich, warum denn pfeifen? Doch jetzt hörte ich wirklich ein Pfeifen, und hinter mir stöhnte es jetzt, ich sah mich nicht um, keine Sorge, aber schon keuchte es hinter mir, und durch den Fußboden seufzte es herauf, und vor dem Fenster rauschte es, in der Küche zischte es, im Brausebad ächzte es, und im Abort schnaufte es, im Waschraum tropfte es, in der Bügelkammer raschelte es, und unter mir knirschte es, und ich hatte das Gefühl, hier, beim Gehen durch diesen Gang, nicht auf Holz zu gehen, sondern auf etwas anderem zu gehen, auf winzigen kleinen harten Tieren zu gehen, die unter mir aufknackten, und hinter den Türen an denen ich vorbeikam klatschte es, Schluß, dachte ich, Ende, ich will nichts mehr hören, aber da klopfte es auf den Tisch und hier, wo ich jetzt saß, in diesem Sessel, knarrte es, Schluß, dachte ich, Ende und aus Pelzers Mund paffte es jetzt ein bißchen heraus sozusagen und die Witwe lachte ein bißchen, weil der Direktor ihr ein bißchen auf die Schenkel schlug, und der Direktor schnalzte ein bißchen, der Landrat schnarchte ein bißchen, der Ausstopfer klopfte ein bißchen auf die Tischplatte, der Matrose erzählte ein bißchen von einem Platschen, von einem Fall ins Meer, in einem großen Bogen hinab, und Pilzer, ah, da war er ja wieder, er nickte ein bißchen, und ich, diesmal am Fenster, guckte ein bißchen, ich sah einen Mann mit Graben beschäftigt, eine dunkle Schicht am Horizont schob sich heran, nicht zu bestreiten, kleine zuckende bewegliche Bilder in den Fenstern gegenüber, kleine gedämpfte Geräusche, Stücke von Worten, keinen Verdacht mehr, alles beim alten, plötzlich die Witwe, Ende jawohl.

Inzwischen vergingen die Tage. Ich blieb noch, und wenn ich zur Tür hineinsah und sah, wie Pelzer ruhig sitzend seine Hände über dem Leib gefaltet hatte, hatte ich den Verdacht, dies seien nicht seine Hände, sondern nur künstliche falsche Hände, während er mit den echten Händen anderswo in den Taschen der Anwesenden nach allerlei Kleinigkeiten suchte oder unter den Röcken der Frauen vertrauliche Berührungen ausführte, denn von Zeit zu Zeit flog wirklich eine der Frauen in die Höhe und schrie, oder einer der Herren griff in seine Hosentasche, klopfte auf seine Brusttasche, um zu prüfen, ob noch alles vorhanden war. In diesem Moment fragte ich mich übrigens, wie Pelzer es anfing, seinen weichen matten Körper fortzubewegen, er ging ja auch selten, aber wenn er ging, dann ging er rasch und leicht und hielt sich aufrecht.

(...)

Es war angenehm zu sitzen, ich saß jetzt sehr oft. Vor dem Fenster das Schaben der Schaufeln, das Winseln der Schubkarren, das Mahlen der Mischmaschinen, ich saß in Gerüchen von Teer und von Kalk, im Stottern der Druckluſthämmer, im trockenen Schockern der Akkumulatoren, im bröckelnden rutschenden rieselnden Abkippen der Ladeflächen. Ich sah Staubschwaden vor dem Fenster, die Hitze wälzte sich schwer über die matten Bewegungen dort in der Tiefe. Ich hatte den leichten Anzug an, ich saß also spielerisch leicht mit über den Knien verschlungenen Händen, ich glaube auch, daß man sprach, das fand ich in Ordnung. Ich stand auf dem Standpunkt, daß die Stunde des Abschieds gekommen sei. Ich hatte mir ein paar Worte zurechtgelegt und hoffte, in Schwung zu kommen. Im Spiegel sah ich mich plötzlich den Mund öffnen, ich war ganz zufrieden, ich malte mir also mein Aufstehen aus, plötzlich, aha, schon stand ich, alle sahen mich an, ich stand schon ganz gut. Im Spiegel saß ich freilich noch immer, ich beugte mich vor, wirklich, das war ich, so saß ich, so hielt ich auch die Zigarre, das war meine Art, so schlug ich die Asche ab, tatsächlich. Freilich konnte ich mir diese ungeheuer glänzende Glatze nicht erklären, die sich auf meinem Kopf ausbreitete, ich konnte diesen atmenden Bauch nicht verstehen, der an mir hinabhing, diese teigbleichen Hände auf meinen Schenkeln waren mir unbekannt, ich fand auch meinen Anzug fremd, was trug ich denn da? etwas Gestreiftes, und dieses Rauchhinausblasen in großen Ringen schien mir Vergnügen zu machen, ich konnte das nicht begreifen, Ende des Sommers, an diesem Fenster, angenehm sitzend, nicht zu verstehen.

Ich will nicht davon reden. Der Wind stieß pfeifend ans Fenster. Der Zuckerfabrikant schlug an den Ofen, kalt, schrie er, kalt. Ein Zurückgreifen auf die Vergangenheit schien eine gewisse Wirkung auf ihn zu haben. Ich sprach von der warmen Jahreszeit, die nun zwar vorbei sei, die jedoch wiederkomme, eines Tages, wenn man nicht damit rechne. Ach ja, sagte er, die warme Jahreszeit, er erinnere sich gut. Er sprach eine Weile von dampfenden Kesseln, in denen der Rübenbrei kochte und immer dunkler malziger körniger schlammiger schaumiger wurde. Im Nebenzimmer hörte ich das Schluchzen und Schneuzen der versammelten Trauergäste, ich sah die Witwe in ihrem schwarzen knisternden Kleid. Pelzer sprach auf sie ein, es sei Zeit zum Abschiednehmen. Man hatte den Toten mit einer Decke bedeckt. Ich sah die aus der Wand gewachsenen Tierköpfe, brüllend, ich sah Vögel mit geöffneten Schwingen starr auf den Ästen sitzen, in gläsernen Kästen sah ich aufgespießte Käfer, schillernd, und in den bauchigen Aquarien weiche wehende Bewegungen, buttriges Ineinanderschwimmen und Verschmelzen. Etwas kroch durch meinen Kopf, eine kleine Erinnerung, eine kleine zärtliche Szene, schlanke Schenkel, ja, der Abend, von dem ich gesprochen habe, ein sehr dunkles Bild, die auf- und abschwingenden Bewegungen neben mir, schließlich die zusammengedrückten Gesichter, die fest geschlossenen Augen, eine kleine Erinnerung. Die Tapetentür öffnete sich plötzlich, ich war mit einer Zigarre beschäftigt, die Witwe, schwarz rauschend spitz verschleiert, trat in Pelzers Begleitung heraus, Pelzer, dicht hinter ihr gehend, flüsterte ihr etwas ins Ohr, sie bog sich zurück und lachte laut auf, nein, nein, ich bitte Sie, nein. Ihr schwarzer Körper plötzlich in diesem Zimmer, plötzlich aus dieser Wand getreten. Sie sagte etwas zu Pelzer, er antwortete ohne Erstaunen, im ruhigsten

Unterhaltungston. Er griff in die Tasche und hob einen Gegenstand heraus, der im Licht funkelte, er ließ ihn fallen und bückte sich, wobei er leicht ihren Körper berührte, nein, sagte die Witwe, nein nein.

Das war der Moment, in dem Pilzer sich erhoben hatte. Was ist für den Abend vorgesehen? fragte er mich. Ich sah zum Fenster hinaus, die Wolken hatten sich verschoben, am Horizont plötzlich ein rasch laufender Mann. Neben mir hatte ich zwei Hände in langen schwarzen Handschuhen gesehen, um die Brüstung gekrallt, die Witwe. Ich glaube, ich wunderte mich, daß sie nicht schluchzte. Plötzlich war sie in den Hintergrund hineingesunken, ich sah einen aus der Dunkelheit auftauchenden Arm, der etwas Schwarzes Leichtes Durchbrochenes fallen ließ, dann auch ein Bein, das einen Strumpf abschüttelte, ungewöhnlich dünn auftauchend, ungeheuer nackt in die Länge gezogen bleich und wieder zurückgezogen in die Dunkelheit, aus der es gekommen war. Der weiße Vorhang vor der aufgeklappten Verandatür klatschte im Nachtwind an die Wand. Merkwürdig, dachte ich, daß sie nicht schluchzt, ich schwieg immer noch. Ich sank hinein in einen dünn plätschernden Schlaf, von der nächsten Zeit wußte ich nichts. Pelzer lachte leicht vor sich hin, als ich einschlief, und er lachte noch, als ich aufwachte, die Zigarre zwischen die Lippen gekniffen. Der Matrose erzählte von einem tropfenden Körper, den er beinlos aus dem Wasser zog, was für ein Tag, sagte ich, was für ein Tag. Als ich in den Spiegel sah, war ich erstaunt, mich in Gummimantel und Mütze zu sehen, ja, ich sah mich im Spiegel hell auflachen und mit großen Augen den Dampf meiner Zigarre verfolgen. Die Witwe war damit beschäftigt, ein Stück der beschlagenen Scheibe klarzureiben, es sei eine Störung eingetreten, sagte sie, eine

Stockung, die Bahnen die Busse die Wagen hielten, die Fußgänger liefen davon. Tatsächlich war jetzt das Hüpfen Rauschen und Rumpeln verstummt, eine ganz helle Landschaft, als ich hinaussah, hier, bei der Stille der Luft, mit verschränkten Armen, wenn meine Erinnerung an diese Zeit ausreicht. Ich legte mich weit über dieses Bild, gerade in diesem Moment schien das wichtig zu sein, denn etwas kroch aus der Ferne heran, mit heruntergeschlagener Stirn, und zwar nicht allein, nicht einzeln, sondern in langen Schlangen aus dem Meer heraus, kleine feste kriechende Tiere bei bedecktem Himmel Mitte April, über die Steine über die Straße und natürlich an den Mauern des Hauses herauf mit großer Geschwindigkeit, der Hinterleib unter das Kopfbruststück eingeschlagen, der Rücken besiedelt mit Tangen Schwämmen und Moosen, rasch über die Steine die Straße und natürlich an den Mauern des Hauses herauf und durch die geöffneten Fenster herein, in langen Schlangen jetzt abends, aus den schattigen feuchten Wäldern heraus, über die ganzen wasserlosen mit Buschwerk bedeckten kalkigen Felsen, klappernd, raschelnd, durch die Anstrengungen des langen Marsches mager erschöpft, dichtgedrängt vorwärts über die Steine die Straße und natürlich an den Mauern des Hauses herauf durch die geöffneten Fenster herein, alles überflutend, alles niederdrückend abbeißend abkneifend, sehr laut wandernd, mit einer Art Rasseln, von schöner gelblicher Färbung, oft auch von Schweinen verzehrt, die später mit großem Geschrei davonliefen und sich am Boden wälzend erbrachen, über die buckligen Steine mit bogenförmig gekrümmten Körpern, knirschend über die glattgewehte Straße, mit langen dünnen tastenden Beinen, die gelegentlich abbrachen, ganz überwachsen jetzt abends, aus den Gebüschen hervor, aus den tiefen Löchern heraus, klappernd, ungemein schnell mit Stirnschnäbeln und kleinen neben den Mundöffnungen liegenden Stacheln, mit geborstenen Rücken und darunter mit rotgeäderter sehr dünner wahrscheinlich empfindlicher Haut, pulsierend, mit großer Geschwindigkeit über die von den leichten Wellen überwachsenen Steine, über die abgestorbene mondscheinbleiche Straße und natürlich an den übermörtelten rissigen Mauern des Hauses herauf und durch die geöffneten Fenster herein in das Zimmer über den Boden mit geöffneten zuckenden Scheren und zur anderen Seite wieder hinaus.

Pilzer, der später ihren Wohlgeschmack rühmte, saß mit geschlossenen Augen dabei, ich glaube, er schlief, es war schwer zu sagen, keine Wolke, kein Luftzug, wie wir schon hörten, die beschriebenen Tiere krochen über ihn weg, sie krochen in seine Taschen, in seine Ärmel und Hosenbeine hinein und, wenn ich mich richtig erinnere, auch in den offenen schnarchenden Mund. Keine Wolke, kein Luftzug, es hatte sich wenig geändert. Auch am nächsten Tag Unbeweglichkeit und Wortlosigkeit, Appetitlosigkeit, Ratlosigkeit, Müdigkeit, keine Neuigkeit.

(…)

23 Unterschiedliche Auffassungen

Aber nun vielleicht doch etwas anderes. Ein gedämpftes Nachmittagsvergnügen, etwas Musik, etwas Gesang. Übrigens auch eine gallertartige Flechte auf dem Boden dieses Zimmers, die sich nach dem letzten anhaltenden Regen gezeigt hat. Ich wünschte mir nicht, daß es weiterwächst, anfangs hielt ich es für den unverdauten Fraß der Wasservögel, der zuweilen aus der Luft herabfiel, wenn sie durch diese Zimmer flogen. Das Wachsen erregte nun auch das Interesse Pelzers, er zeigte es nicht so sehr, aber ich möchte schwören, daß es ihn beschäftigte, dieses knisternde Wachsen aus dem Boden heraus, kurz vor Tagesanbruch, und jetzt auch, gegen Mittag, von oben durch die Decke herab, diese Wurzeln mit den kleinen farblosen Knollen und dünnen Fäden, leise wehend, wenn die Türen geöffnet werden, dunkle hundekohlartige Pflanzen, sonst nur auf dürren steinigen Plätzen anzutreffen und jetzt in den Ritzen dieses Fuß-bodens mit ihren fingerdicken fleischigen Stengeln aufrechtste-hend oder am Boden entlangkriechend, an den Gelenken blattlose Zweige treibend, an den Ecken mit Spitzen und Zähnen besetzt, aufwärtskriechend. Ich beobachtete die Ausscheidung zäher klebri-ger Säfte und einen bitteren dumpfen Geschmack gegen Abend, wo an diesen Pflanzen einzelne auf kurzen dünnen Stielen stehende Blumen erschienen, deren Knospen, als sie sich gegen Abend öff-neten, einen aasähnlichen Geruch ausströmten, große schöne Blu-men, wie die Witwe sagte, die natürlich auch wieder auftrat, wenn auch zögernd, und die jetzt mit ihren dünnen schwarzen Beinen zwischen diesen außen grünlich im Innern gelben dunkelschwarz-braun betupften Blumen umherging und von einer dicken Substanz sprach, im Innern dieser Blumen, wo ich die fingerdicken und fin-gerlangen aufrechtstehenden Fruchtbälge sehen konnte, auch ich mußte viel hin und her gehen, um geeignete Durchgänge zu finden, ich fragte Pelzer, einen Mann, von dem ich schon gesprochen habe, nach dem Weg, hierhin dorthin, sagte er, er riet mir, mich immer rechts zu halten, vielen Dank, sagte ich. Alles weich dunkelgrün glänzend tiefspaltig feucht schimmernd, alles voller erstaunlicher Dolden, aufrechter Stengel, rund behaart vielästig, armdicke Strünke mit schwingenden Beuteln, gedrückte aufspringende Taschen, Becher und Glocken und Kannen mit lippenartig ausgestülpten Rändern und baumelnden Zungen und dünnen zuckenden Wimpern, die ihre Opfer umklammern und in die nickend aufspringenden Pflanzenschlünde ziehen, fleischige Mäuler, die schlucken saugen und würgen und dicke klebrige Säfte ausspritzen und sich schließen, satt, mit ausgeschlürften Insekten gefüllt schließen.

Ich war jetzt der Meinung, als reiße sich etwas ab von der schwarzen Linie des Horizonts, wälze sich über den Sand und verschwinde im Wasser. Von Zeit zu Zeit kam auch ein Ruf aus der Ferne, dann verfiel wieder alles in das Stillschweigen großer flacher Landschaften. Natürlich sah ich noch immer Gestalten vorbeitreiben, wie vorher. Der Himmel, jawohl, die Landschaft von rötlichen Bergen umschlossen, hinter denen noch etwas liegen mußte, das ich nicht sah, aufspritzende Wassersäulen vielleicht, ich will mich nicht streiten, unterirdische Ausbrüche, dieses Donnern, ich weiß nicht, mehrmals am Tage, etwas, das ich, der Freund schöner Aussichten, mir vorstellen mußte, denn die Nacht lag platt auf der Ebene. Ja, auch in der Luft etwas langsam wachsend, nicht zu bestreiten, ich war im Begriff, die Jalousien zu schließen, um mich ungestört meinen Notizen zuwenden zu können, ich hatte mir einen Abend ohne Zwischenfälle gewünscht, aber jetzt, zweifellos, hing etwas in der Luft und wurde zusehends größer. Ich stand am Fenster und hatte selbstverständlich die Hände in den Taschen, da sah ich also, jetzt fällt es mir ein, etwas rauchend herabfallen. Es war aus mit allen Plänen für diesen Abend, diese Körper am Himmel, anfangs klein, mit reißender Geschwindigkeit, wuchsen weiter. Ich will nicht sagen, daß ich auf der Stelle, wie sagt man, ohne Bedenken, wie sagt man, aber nach allen Darstellungen, nach allen Nachrichten der letzten Zeit, fragte ich mich tatsächlich, was nun zu machen war. Ich beschloß also, die Jalousien herabzulassen, um endlich die Ruhe zu haben, die ich mir für meine Notizen wünschte, auch um das Fallen, von dem hier die Rede ist, endgültig zu vergessen. Ich wußte nicht, was es war, was herabfiel, ich kann auch nicht sagen, daß ich es unbedingt wissen wollte, in diesem Moment war mir das Herabfallen sogar gleichgültig, aber ich dachte mir, als ich die Vorrichtung zum Herablassen der Jalousien betätigen wollte, daß es vielleicht nicht für jetzt, aber für später, für einen ganz allgemeinen späteren Punkt nützlich sein könnte zu wissen, was herabfiel, also ließ ich die Jalousien oben, und tatsächlich sah ich nun etwas fallen, daran war kein Zweifel, rauchend, wer weiß das genau, vielleicht feurig geschwänzt, die Menschen griffen plötzlich hinein in die Luft und sanken zu Boden, Automobile rauchten auf und zerplatzten, zitternde Flammenspitzen krochen aus den Dächern des Lokomotivschuppens, die Glaskuppeln knickten, die Gasometer zerspritzten, und immer noch fiel es von oben, ich weiß gar nicht was, rund schwarz oder glühend, herab, die Mauern wölbten sich dabei und stülpten sich um und bröckelten ab und schwankten rissen zerbrachen und fielen auf jeden Fall, Wasserwerk, Pumpstation, Schleuse, Kristallpalast, Güterschuppen und Amtsgericht, Nähmaschinenfabrik, Brauerei, Personen, die vorher standen, fielen mitten in diesem Herabfallen lautlos zu Boden. Nun schloß ich die Jalousien doch, das Erstaunen verging, das war mir ganz recht, an mein ursprüngliches Vorhaben war nicht mehr zu denken, meine Notizen vergaß ich fast ganz, allerdings erst, nachdem ich die Vorgänge notiert hatte, dieses Herabfallen von Körpern, die ich nicht kannte und die, obwohl ich nichts sah, immer noch fallen mußten, denn es krachte vor den geschlossenen Jalousien, und auch hier, in diesem Zimmer, wackelte es, obwohl Pelzer behauptete, es sei gar nicht so schlimm mit dem Wackkeln, es wackele kaum. Doch, es wackelte, fand ich, sehr stark, denn ich hüpfte mit meinem Stuhl wie noch nie in die Höhe, ich klammerte mich an die Lehne und hüpfte, es qualmte nun auch, das war nicht zu bestreiten, nicht einmal Pelzer bestritt es, obwohl er behauptete, daß es gar nicht so sehr qualmte, immerhin qualmt es genug, sagte ich, an Einschlafen war nicht zu denken, zu sehen war auch nichts, nur Pelzers Stimme sprach nun von einem Pfeifen. Pfeifen? wollte ich wissen, ja, Pfeifen, später aber von einem Krachen, na, seine Sache, schließlich von weiteren Wirkungen und Veränderungen, gar nicht der Rede wert, sagte er, schließlich überhaupt nur noch vom Herabfallen. Seiner Meinung nach handelte es sich um Stücke von Köpfen, er meinte aber, ich habe ihn später gefragt, Stücke von undsofort undsofort. Pilzer, der über seinen Büchern saß, hatte große Zweifel, so nannte er seine Gedanken zu dieser Zeit, Zweifel, große Zweifel, diesen Behauptungen gegenüber, er glaube nicht an Köpfe, sondern eher schon an undsofort undsofort Dinge, die gar nicht mit Köpfen zu vergleichen seien, undsofort, so lange, bis ich die Jalousien wieder öffnete, und da sah man ja auch, daß es keine Köpfe waren, die herabfielen, das bestärke seine Ansicht, sagte Pilzer, daß es. Was daß es? daß es, ich erinnere mich einen Augenblick, daß es, ich habe mir diese Worte gemerkt, daß es, es waren die letzten Worte, die er sprach, daß es. Und hier, während ich die Jalousien wieder schloß, brach Pilzer endgültig ab.

(…)

Ich habe von einem Wachsen gesprochen, es ist also so, daß etwas wächst, während ich schreibe und weiterschreibe, aus den Ritzen und Fugen heraus, aus den dunklen Fenstervertiefungen büschlig behaart, aus den Wandleisten in Schleifen und Schlaufen, knackend aus den aufplatzenden Tapeten, fleischfarben unter den Brücken und Bodenbelägen hervor, rutenförmig dünn dornig hinter den Wandbehängen, aus den Falten und Säumen der Portieren, steifhaarig langbärtig geschwänzt, aus den Lücken der Täfelungen, an den Lampenschnüren kletternd kahl glänzend, aus dem Boden aufbrechend, aus den Schlitzen der Sessel heraus, aus den Furchen der Matratzen baumelnd, durch die Wirbel der Sprungrahmen ruckweise runzlig, heraus aus den Gruben und Mulden des Diwans, über die Buckel der Kissen unruhig rutschend, aus den Winkeln der Anrichten Büfetts und Kredenzen, aus den Geschirrschränken präsentiertellerförmig, aus den Truhen Kommoden glockig gezipfelt, raschelnd aus den Schubladen schwankend hinab, zungenförmig stumpf faltig, seufzend unter den Kopfkeilen hervor, über die Heizkörper zitternd, knirschend aus den Lautsprechertrichtern, aus den Höhlen der Wäschekörbe Schirmständer wurmförmig weiter, aus den Spalten der Spiegeltüren gewölbt und gedunsen, über die Höcker der Nähmaschine geschraubt weißlich pendelnd, zugespitzt, nein, schopfartig gebüschelt, kratzend aus dem Klavier schlaff herab, dickbehaart schabend herab zweilippig schluckend zweilappig zweispaltig über den Schreibtisch, faserig bartlos wachsweich aus dem Spülbecken plötzlich über die Haartrockenhaube geschnürt um den Servierwagen geschlungen bauchig aus den Papierkörben Brotkästen Pfeifkesseln aufgeblasen jawohl spaltig aufklaffend fleischig mit Ritzen und Zipfeln aufspringend spitz an salzigen Orten buschigen Hängen Gruben und Pfützen Geröll wüsten Plätzen zum Küchengebrauch vielleicht Juli August graugrün mit klebrigen Haaren Zwiebeln und Schoten platzend mit Zapfen Hülsen und Spelzen Melde Dill Kerbel Dinkel und Dost Quendel Gersch Bartschie Simse Lolch taumelnd Trespe und Zwenke Schwingel und Schwaden Binse und Simse Marbel und Fennich Abbiß Rempe und Kränke Spark oder Sperk Schilf große Stenze schwarz Rauher Maier Krapp Kresse Käsekohl Lochschlund und Rankensenf.

Natürlich hatte ich alles vorausgesehen, ich kannte die kurzen kahlen, vermutlich auch kühlen Berichte über die letzten Ereignisse, die Pilzer mit den Darstellungen Bocks von diesem Teil des Hauses verglich. Pelzer führte dagegen die Beobachtungen Hocks an, so daß sich für Pilzer die Frage nach den Ansichten Barts ergab, die Pelzer veranlaßte, von den Auffassungen Schwimms zu sprechen, die sich, sagte er, mit den Vermutungen Zapfs träfen, besonders im Hauptgesichtspunkt, der, sagte Pelzer, auch in den Aufsätzen Birns bestätigt worden sei. Ich erinnere mich an tiefe gähnende um das Wort zu gebrauchen gähnende Spalten und Schlitze, aus denen es warm herausdampfte. Die Frage wurde jetzt laut, wie sich Pelzer, ein Gegner der Theorien Krücks, zu den Urteilen Rucks verhalte. Rucks Urteile, sagte Pelzer, seien nichts im Vergleich mit den Urteilen Krapfs, die zugleich von den Berechnungen Schnoors und den Ermittlungen Schwamms gestützt würden, dies seien die Urteile, an die er sich halte, von den Urteilen Rucks halte er nichts. Ich erinnere mich an nasse schnauzenhafte Berührungen, an nächtliche Bewegungen mit kurzen aufrechtstehenden ah Haaren. Pilzer führte einen Abschnitt aus den Aufzeichnungen Krapfs an, dem Pelzer, etwas mehr den Untersuchungen Rachs zuneigend, dabei auch Pochs Notizen heranziehend und unter Bezugnahme auf die Betrachtungen Bruchs widersprach. Beim Ausstrecken der Hände knüppelhaftes Gestrüpp, aus dem die Witwe, die auch eine Rolle spielte, plötzlich traumhaft zwitschernd heraustrat. Pilzer vertrat freilich die Auffassung, daß gerade Rachs Untersuchungen noch der Überprüfung bedürften, er verwies auf einen Artikel Birns, auch auf Äußerungen Scharrs und Barschs, doch seiner günstigen Beurteilung der Beiträge Schleis konnte Pelzer natürlich nicht zustimmen. Schleis Beiträge, die sich zum Teil noch auf die Untersuchungen Hirschs bezögen, lehnte er ab, er schob sie weit von sich und verwies auf Beers, wohlgemerkt Beers, nicht etwa Bärs, wie nun Pilzer vielleicht glaube, sondern Beers Standpunkte. Ich spürte die Anstrengung dieses vergangenen Tages und erwog den Gedanken, mich zu setzen, doch der Boden war feucht, ich stützte mich also auf etwas dicht Überwachsenes, vielleicht den Geschirrschrank, ich hörte es leicht im Innern klirren. In dieser Haltung sah ich den Auftritt der Witwe schwarz auf den Diwan hinauf. Pilzer, der den Verdacht äußerte, Pelzer habe sich von den Gedanken Ramms und dessen im Gegensatz zu Stamms Gedanken stehenden Gedanken verwirren lassen, bezog sich auf eine Veröffentlichung Hock-Berns. Die Witwe sprach von der Bequemlichkeit dieses Diwans, auf dem sie lag. Und während ich in meiner ganzen Schläfrigkeit, um es genau zu sagen, Schläfrigkeit den Wunsch hatte, mich neben ihr auszustrecken, während der nach den Worten Pelzers alles über einen Kamm scherende Pilzer vor der Nichtbeachtung des Wesentlichen und der Überschätzung des Unwesentlichen in den Arbeiten Lapps warnte, während die Witwe ein kleines Stück ihres Mundes öffnete und mit der Zungenspitze die Spitze der Zigarettenspitze befeuchtete, während Pelzer im Zusammenhang mit den Erklärungen Schnecks die Stichworte Stechs erwähnte, während die Witwe mit einem sehr deutlichen Seufzen auf etwas zu warten schien, ich will so sagen, mit etwas zu rechnen schien, hatte ich das Gefühl, daß erst jetzt, in diesem Moment, die wirklichen Schwierigkeiten dieser Angelegenheit begännen.

(…)

39 Aufhören

Welche Frische, dachte ich, freilich auch welche Unannehmlichkeiten, welche neuen Schwierigkeiten. Ich saß auf einem übermoosten übermuschelten Balken unter dem schwarz bewölkten, nein, wolkenlosen Himmel, ringsum sanken die Passagiere in die Tiefe hinab, schon war Mittag vorüber. Fische erschienen mit weiß aufgeblähten Bäuchen in diesem allmählich flacher werdenden Wasser. Am Grund sah ich zusammengeschwemmtes Geröll, Tangwälder, Meerlattichwiesen und kleine, korallenbesetzte Gruben, braune armlange Schotendrahle, blutrotes Stengelmoos mit dünn in die Ferne wachsenden Zweigen, strauchartigen Blütentang geschlitzt und gekräuselt, Riementang Zuckertang handbreit lang lang, baumartigen Ledertang, Blasentang Beerentang, über den ich hinwegglitt, plötzlich, jetzt, rittlings sitzend, plötzlich kleine treibende Kohlinseln, plötzlich die Witwe mit bräunlich aufgesprungener Rinde, weich überwachsen von Kalk Schlick und Moos, plötzlich die Witwe mit wehenden Haaren, Gesicht Mund geöffnet, mit weichen saugenden Schwämmen in den Kniekehlen. Ich trieb über das sanft aufsteigende Blut und sah spitz zuckende Fische festgebissen in diesem glasig verrenkten Körper, weidende Schnecken mit vielen rückwärts gebogenen Zacken wandernd Zapfen wandernd, langsam unter den schwarzen wehenden Rock gekrochen mit großen Häusern, schwarzer Kaffee wäre jetzt das Geeignetste in diesen Verhältnissen schwimmend über dieses Bild hinweg, ich sah die windenden Bewegungen der Seegurken, die bedächtig sich eingrabenden Muscheln, die Knospen und Triebe in den Falten und Öffnungen, aus den Achseln gewachsene Büsche, Pflanzen auf kurzen Stengeln mit erbsengroßen Beeren in den Blattwinkeln, heraus aus dem Mund darüber hinweg rittlings auf diesem Balken dahin, jawohl undsoweiter. Plötzlich eine Verdünnung der Wasserfläche, im Hintergrund plötzlich auch schlauchartige Wolken aus der Luft zum Wasser hinab, unter starken Geräuschen dahintreibend, rauschend brüllend auch pfeifend und zischend, plötzlich ein Schwefelgeruch, plötzlich, das sagte ich schon, Fische mit aufgeschwollenen Bäuchen, eine Säule von Fischen plötzlich hinauf in die Luft gesogen, kurz gesagt, in diesem Knurren und Schnarchen, hinauf in die Luft gesogen und davongetragen, in diesem Fauchen und Schnaufen, in dem ich mich plötzlich befand, plötzlich kam aus der Ferne etwas rasch auf mich zu, eine Wand, glaube ich, eine riesige Mündung, die mich einschlürfte, in ihre schlammige Finsternis hinein, zusammen mit den fetten Körpern der Fische, und diese ganze Wasserfläche hinter mir schäumte und hüpfte mit einem Mal und drückte mich hinein in einen donnernden Schlund, die Wolken verschwanden, der Himmel der Mond die Sonne sie alle verschwanden, ich rutschte hinein in ein schluckendes Loch und schoß eine Zeitlang dahin, es war nichts zu machen, alles war schwarz, mit großer Geschwindigkeit fuhr ich hinauf und wurde hinausgespuckt in eine neue Umgebung hinein. Und hier lag ich vor schillernden Wänden, an denen das Wasser herabrann, hinter mir gurgelte es und schmatzte es noch, hier lag ich, während es von den Decken herabtroff, plötzlich zwischen zersplitterten Steinen und grauen verfaulten Tieren, natürlich sah ich die Gänge nach allen Seiten, auf die ich zukroch, bis zu den Handgelenken im klebrigen Boden, in einen der Gänge hinein, der sich nach einem langen Kriechen erweiterte, während neben mir träge etwas dahinfloß mit Flocken Papierfetzen, und während ich kroch, erinnerte ich mich allmählich, und nun kroch ich natürlich über kleine Hügel von Köpfen Händen und Füßen, die plötzlich da lagen, Arme und Beine, in diesen Gewölben und Grotten, wie man wohl sagen sollte, ich sah diese Wände bedeckt mit den Namen früherer Besucher, Pilzers Name und Pelzers Name, mit den Angaben der Zeit und des Ortes, mit den kleinen Sprüchen und Zeichen, und ich fragte mich, wie ich mich fühle, ich fühle mich besser, sagte ich mir, denn ich hatte die Brücke des Kanals erreicht, und weil man mir jetzt etwas zurief, jetzt in diesem Moment, fühlte ich mich noch etwas besser, denn es war eine ausführliche Beschreibung der letzten Zeit, die man mir zurief, und danach kann es mit allem gar nicht so schlimm gewesen sein. Ich gehe jetzt am Kanal entlang und ein paar Stufen hinauf, in einer ganz anderen Luft, natürlich sind meine Schuhe verdorben, das ist wahr, und meine Jacke ist wirklich verschossen, doch es besteht gar kein Zweifel, daß ich nun wieder ganz obenauf bin, wie sagt man, an diesem Punkt meines Lebens, ganz obenauf, persönlich in guter Verfassung, wie sagt man, ich habe den Kopf also oben, ich habe die Ruhe, ich habe mich in der Hand, ich nehme alles in Kauf was noch kommt, mein Zustand ist gut, das sieht mir ganz ähnlich, jetzt, wo ich durch diese Gänge gehe, die mir ziemlich bekannt vorkommen und die in ähnlicher Form in meiner Erinnerung auftauchen, das macht mir nichts aus, ich bin gut in Form, denn ich erinnere mich natürlich an vieles, während ich so dahingehe, mit Begrüßungen durch diese Zimmer hindurch, jetzt bin ich auf der vorderen Treppe, danach im Vorplatz und nun, ein kleines Stück später, schon an der Tür.

I | Das I ist der hellste Vokal der Welt. Es streicht aus dem stark emporgehobenen Kehlkopf nach vorn, es spießt durch die Wölbung der Zunge nach oben und fliegt aus dem Mund in die Schlitze der Luft. Das I ist bei spitzen erhitzten Damen äußerst beliebt.

I Inneres. Ich habe schon seit vier Jahren einen Menschen von innen sehen wollen. So wie mir geht es vielen; wir alle wünschen zu wissen, wie es im Inneren des Körpers ist. Dazu müssen wir ihn zerlegen; nicht zerstoßen oder zerreiben, denn auf diese Weise würden wir nur kleinere und immer kleinere Fleisch- und Knochenstücke erhalten, ohne dabei über die Bedeutung und die Bestandteile klüger zu werden; und über das Innere würden wir gar nichts erfahren. Nein, wir müssen ihn aufschneiden und die Wahrheit wird aus ihm hervorquellen. Ähnlich verhält es sich mit dem Inneren der Welt. Wir kennen keinen Grund, weshalb wir die Welt nicht aufschneiden sollten, und weshalb wir nicht fortfahren sollten, diese aufgeschnittenen Dinge, die wir entdecken, aufzuschreiben. Es sind die Nachforschungen über die Gegenstände der Dunkelheit und der Nacht, die Ansichten über den Schleim des Meeresgrundes, über die wehenden Nebel aus dem Inneren der Gebirge, die Berichte über die Dämpfe aus der Tiefe der Töpfe, die Nachrichten über den Atem aus dem Grund des Mundes; es sind die einzigen Dinge, die uns wirklich beschäftigen. Man könnte das leicht für eine extreme Behauptung halten; aber es ist die natürlichste Sache der Welt, die uns umgibt und von der wir wissen, daß ein Teil nach ihrer Zerstörung weiterlebt, weiterkriecht, weiteratmet. Wenn man sich das vergegenwärtigt, dann wird man verstehen, warum die Reste des Körpers von ihrem Aufenthaltsort mit einem Schnitt abgelöst werden müssen; er muß umgestülpt werden: in die vorüberfließenden Gedanken hinein, in die aus den Wänden fließenden Flüssigkeiten, dem von der Decke tropfenden Regen hinein, während wir tief im Inneren sitzen und warten und forschen.

Mitteilungen aus dem Leben des Vaters (1968)

Plötzlich schnappend heraus aus dem Wasser mit seiner Bademütze, er schüttelt sich plötzlich und hebt den Finger hinauf in die Höhe, und nun versinkt er von neuem, unter diesen gekuppelten gläsernen Dächern, zwischen den marmorierten Säulen sinkt er hinab in das gekachelte Bassin, nur seine Hand mit dem erhobenen Finger ragt über die zitternde Oberfläche hinaus. Plötzlich macht er den Mund auf unter der Schirmmütze in seinem Super 6, er kurbelt und kuppelt und beginnt in das Geräusch des Motors hineinzusingen. Plötzlich beugt er sich über den Rand der Badewanne, die voll ist von Fischen, er hebt einen zuckenden Karpfen heraus und schlägt ihm zwei-, warte mal, dreimal den Wetzstein kräftig über den Kopf.

Plötzlich erscheint er mit einigen Herren, vor denen ich meinen Diener mache, durchreisende Schuhvertreter mit Schokoladentafeln und Musterkoffern. Plötzlich findet er neben dem Teller den Löffel nicht, den er zum endgültigen Ablöffeln des Tellers benötigt. Plötzlich liegt er mit nassen Haaren unter dem Haarnetz bequem auf dem Sofa und blättert in seiner Jägerzeitung, manchmal im *Stürmer* und in der *Grünen Post*.

Manchmal erzählte er die Geschichte vom Opernsänger, der schon hinter dem Vorhang zu singen begann. Und er, der große Nachmacher, breitete seine Arme aus und machte das nach, und weil er ein großer Sänger war, sang er ein bißchen. Manchmal holte ich zwanzig Eckstein von Tabak-Schiebert, und er erzählte mir vom Verbiegungskünstler Büttner, der sich den Hut mit dem Fuß auf- und absetzen konnte. Er versuchte mir klarzumachen, wie schön es sei, etwas vom Blatt spielen zu können, beispielsweise auf dem Klavier. Er hätte in meinem Alter viel für ein Klavier gegeben, jedoch keinen Vater gehabt, dem die Vorzüge des Klavierspiels bekannt gewesen seien.

Ausflüge sonntags in die Umgebung. Reichmannsdorf, Sitzendorf, mit Gesangsübungen im Freien, Ermahnungen zum Laut- und Deutlichsprechen, Aufforderungen zum Geradegehen. Abends zurück mit dem Super 6 und hinterher in die Tanne zum Bier, ich im Bleyleanzug, mit langen kratzenden Strümpfen, oder in den Gambrinus, wo es Gespräche gab über Fischzucht, Hasenjagd, Gartenbau.

Die Geschäfte gehen nicht schlecht. Eisen-Kahl, Farben-Trost, Feinkost-Heinz, Schuh-Büchel, Hosen-Hiller, Hut-May, Elektro-Schrader, Schoko-Schlötzer. Gelegentlich gibt es Umzüge mit dik-ker Musik mit der ganzen Belegschaft am Tag der Arbeit. Die Lage nicht übel, allerdings regnet es häufig in dieser Zeit, es ist lange Zeit trocken, ganz schlecht für den Garten, ein Raupenjahr, auch Blatt-läuse, Maulwürfe, Engerlinge. Der Karpfenteich macht sich nicht gut, die Hasenjagd bringt nicht sehr viel. Plötzlich bei Gänseklein, Wickelklößen, Petersiliensoße erhebt er sich und macht darauf auf-merksam, daß der Löffel, den er schon viele Jahre lang neben dem Teller gesucht habe, nicht dort zu finden sei. Er hat eine gute Kom-mandostimme. Er stellt klirrend das Glas ab. Er schlägt donnernd die Tür zu. Er macht kreischend den Schrank auf. Er wühlt klap-pernd im Kasten. Er macht schnaufend die Tür auf. Er hat einen Löffel in der Hand. Diesen Löffel, ruft er, hoffe er am nächsten Tag neben dem Teller zu finden.

Eine Zeit vorher zum Beispiel mit Kapitänsmützen mit Richard Tauber auf Helgoland, Tauber mit eingeklemmtem Monokel, auch Hosen-Hiller ist auf dem Foto. Oder noch früher mit Hermann Göring vor dreiunddreißig beim Tennis, jawohl, das sei Göring, hinter dem er da hergehe, den Schläger unter dem Arm, mit der wei-ßen Hose. Ganz gut gefiel er mir in dieser Gruppe lachender gut-genährter Männer mit umgestülpten Sektkübeln auf den Köpfen, mit Hetzel, Hiller, Schiebert, Schrader, Schröder und Kabisch. Er saß in der Mitte, wo er für meine Begriffe hingehörte.

Es sei etwas Schönes, sagt er, bei gewissen Gelegenheiten auf dem Klavier spielen zu können. Er hat einen tiefgekerbten Hut auf, den er schwungvoll zieht, wenn er Bekannte trifft. Er sitzt auf dem kleinen aufklappbaren Sitzstock und betrachtet die Landschaft durch seinen Feldstecher. Er hört viel aus dem Tristan und beschließt, nach Bayreuth zu reisen. Er steht mit der ganzen Belegschaft um den Telefunken herum bei der Rede des Führers, die Verkäuferinnen mit Nackenknoten und glänzenden Kitteln. Er schwingt seinen Hut auf der Stockspitze auf der Bergspitze. Er sucht vergeblich nach einem Löffel neben dem Teller. Er trägt frisch geschnittene Haare, nackt, bis weit über die Ohren hinauf. Er malt sich ein Leben auf dem Lande aus, in guter Luft, mit Schaftstiefeln und Reithosen. Er kommt mit der schönen braunen Amtswalteruniform um die Ecke, jetzt erkennt man den kleinen bürstenartig gestutzten Führerbart und die außerordentlich buschigen Augenbrauen. Er donnert die Wand an bei Leipziger Allerlei oder Karpfen blau auf der Suche nach seinem Löffel neben dem Teller. Jetzt schlachtet er einen Hasen, er zieht das Fell über den aufgetriebenen dünngeäderten Bauch hinab über die bluttropfende Schnauze und durchknackt die Gelenke. Bei Begrüßungen nimmt er den Hut ab, sofern er nicht, was passieren kann, hutlos ist.

Nichts gleicht, seiner Versicherung nach, der Schönheit eines wirklich schönen Tages in dieser Gegend, durch die wir gingen. Er deutet auf einen vorbeidampfenden Zug und fragt mich, wohin dieser Zug wohl fahre. Ich weiß es nicht in meinen neuen scheuernden Lederhosen. Dieser Zug, sagt er, fahre natürlich nach Rudolstadt, und er habe sich denken können, daß ich das nicht wisse. Er deutet auf einen Baum, an dem wir vorüberkommen, was das für ein Baum sei, fragt er. Ich weiß es nicht. Er deutet auf die Rinde, die Blätter, na? fragt er. Es stellt sich im Verlauf dieses Gesprächs, bei dem er fragt und ich nichts antworte, heraus, daß es sich um eine Buche handelt. Der nächste Baum, auf den er deutet, ist freilich eine Fichte. Der nächste allerdings ein Apfelbaum, und da ich auch ihn nicht erkenne, nimmt er die Gelegenheit wahr, von Äpfeln zu reden, von den Unterschieden der Sorten, des Fleisches, der Färbung, der Form, der Haltbarkeit, er spricht von trockenen mehligen saftspritzenden prasselnden geflammten plattgedrückten lachend schönen faustgroßen gefleckten weinsäuerlichen und zum Dörren geeigneten Äpfeln. Was das für ein Berg sei, will er wissen, als plötzlich ein Berg erscheint. Ich nenne schnell einen Namen: der Schwarze Berg. Das sei nicht der Schwarze Berg, sagt er, das sei vielmehr der Rote Berg, der Schwarze Berg, von dem ich spräche, befinde sich gerade auf der anderen Seite. In welcher Himmelsrichtung also? fragt er. Im Norden, sage ich. Nein, sagt er, natürlich im Süden. Dann soll ich sagen, wie der Name des Baches sei, der gerade vorbeifließt, oder wie dieser Vogel heiße, der auf der Baumspitze sitzt, und da ich das alles nicht weiß, redet er von solchen Söhnen, für die etwas Derartiges kein Geheimnis ist, von sechsjährigen Bauernsöhnen, die in seiner Rede auf Heuwagen sitzen, Kühe melken und alle Arten von Äpfeln zu unterscheiden verstehen. So kommen wir weiter in unseren Lodenjoppen, am berühmten Echo vorbei, am bekannten Wasserfall, mit Einblicken in das Pflanzenleben, mit Wegweisern in alle Richtungen und Aussichtstürmen und Fernsichten und ringsum am Horizont erscheinenden dunklen Wäldern, früher mit Köhlern, Harzscharrern, Pechbrennern, mit platten Flächen und flachen ge-

böschten Bodenlagen. Mit Schiefer- und Griffelbrüchen, heute freilich durch Füllfederhalter benachteiligt. Alles gedeiht hier sehr gut,
Pilze in feuchten Sommermonaten, in der reinen würzigen stets be-
wegten Waldluft, die den Appetit stärkt und die Lungen weitet, mit
ausreichenden Niederschlägen, mit Omnibusverkehr, mit Schnee-
verwehungen im Winter und sommerlich sprudelnden Quellen, mit
guten Wandergebieten und kleinen Schneidemühlen in den Tälern,
mit Erquickendem und Erfrischendem, spitzen Kirchen, Scherben-
funden, mit schönen Ausblicken nach Süden und windumbrausten
Höhen, mit guten Zeiten und dem Wirtshaus Weidmannsheil mit
Klößen und Rehbraten, links in den bequemen Waldweg einbie-
gend, überrascht von Felspartien, nach hinten lohnt sich ein Blick
ins Tal hinab mit lieblichen Gründen und lauschigen Plätzen. Es
rauscht aus allen Winkeln, wo früher die Buckelapotheker und Bal-
samträger mit Tropfen, Salben und Pflastern, mit Universal- und
Stinkbalsam, Hienfong, Opodeldok, Meurasan, Wubrasan sich auf
den Weg machten, über Oberweißbach weiter nach Mittelweißbach
und Unterweißbach, hinein in die ganze Welt, luftschnappend, ah,
Luft einsaugend mit ausgebreiteten Armen, ah, die Bergbuckel, die
stattlichen Häuser, die Burgruinen in der Ferne, überall, wohin man
blickt, luftige Höhen, ohne Abkürzungen weiter, über den Bahn-
körper hinweg lassen wir den Bahnhof links liegen, vorbei an der
Porzellanfabrik, bekannt durch ihr Rosenmusterdekor, warum singst
du nicht? fragt er, als er singt. Ich singe nicht, weil ich den Text nicht
kenne. Wozu ist die Straße da, singt er, na? wozu ist die Straße da?
ich habe wirklich keine Ahnung. Als wir durch ein Dorf kommen,
spricht er vom wunderschönen Leben auf dem Lande. Ich sehe
kleine Höfe mit dunklen Dunghaufen und Fliegenschwärme vor

den Fenstern mit vergilbten Gardinen und schwarze Ställe, aus denen Ketten herausklirren und warme modrige Luft kommt. Er beschreibt die Vorzüge des Specks, an dem ich gerade würge, der in meinem Mund zu wachsen beginnt und weiterquillt und meinen Speichel zusammentreibt, den ich unter der Zunge verstecke, bis sich die Gelegenheit zum unbemerkten Ausspucken ergibt. Ein Speck, sagt er, den man nur auf dem Lande bekommt. Er nickt den Bäuerinnen in die verwunderten rotgeschwollenen Gesichter, er rühmt das Wetter und fragt sie, ob das nicht ein besonders für die Landwirtschaft erfreuliches Wetter sei. Sie bücken sich wieder über die Tröge, mit aufgetriebenen Bäuchen und schwarzen wollenen Strümpfen. Er besieht das Geflügel und stochert mit dem Stock im Boden und klopft den kauenden Kühen auf die Rücken und behält im Auge, zur geeigneten Zeit Landwirt zu werden. Manchmal nimmt er die Leica und macht ein Foto von mir. Da sitze ich also auf Baumstümpfen und habe die Hände um die Hosenträger gekrallt.

So verging diese Zeit. So hatte er seine Pfeife im Mund. So saß er in der Dämmerung im Sessel und sang. So schob er den Tango im Smoking mit glattgebürstetem Haar. So hatte er Austern gegessen bei Kempinski. So dampfte er in der kalten Winterluft. So zog er die Brauen hoch bis zum Ansatz der Haarwurzeln. So kaute er am Mantelkragen in der Eisenbahn. So schoß er mit dem Spazierstock in die Luft. So hatte er einen Rehbock erledigt, peng. So stopfte er sich beim Essen das Brot in den Mund. So fand er den Löffel nicht neben dem Teller. So wanderte er nach Knobelsdorf, Wickersdorf, Wallendorf. So verging diese Zeit. So verschwand er plötzlich. So war er verschwunden. Ich sah ihn nicht mehr.

Später, als ich vom Dienst kam, in schwarzen Cordhosen, mit Koppel, Schulterriemen, Braunhemd, Fahrtenmesser und so fort, mit den sechs Schwertworten, fünf oder sechs Schwertworten, oder sieben Schwertworten? die ich aufsagen konnte wie geschmiert, mit meinem Lieblingslied *Wir flogen jenseits der Grenze, mit Bomben gegen den Feind*, saß er plötzlich wieder am Tisch. Wie es mit meinem Klavierspielen stünde? ich spielte *Wir flogen jenseits der Grenze*. Damals kam er aus Norwegen mit vielen Geschichten, oder aus Griechenland mit vielen Geschichten. Ich sah seinen Feldwebelsäbel hängen; jetzt hatte er also zwei Sterne und zwei Tressen am Ärmel und es schien ihm nicht zu gefallen, daß ich jetzt *Unsre Fahne flattert uns voran* spielte. Was ich denn außerdem noch spielen könnte? Ich könnte noch *Bomben auf Engeland* spielen. Er aber wollte den Jägerchor aus dem *Freischütz* hören, den ich nicht spielen konnte.

Ich sah dann lange nichts mehr von ihm. Aber eines Tages kam er wieder zum Vorschein, mit geschorenem Kopf und Paketen voller bulgarischer Zigaretten mit Pappmundstücken, die man einknicken mußte, bevor man sie ansteckte. Ich fand, er war kleiner geworden. Wir tranken einen Korn, und er fragte, wie es inzwischen mit dem Klavierspielen stünde. Damit stünde es schlecht, sagte ich, allerdings sei ich im Schlagzeugspielen nicht übel. Dieses Instrument schien nichts zu sein für seinen Geschmack. Aber an diesem Abend gab es tatsächlich eine Wurst von Bohnhard oder ich weiß nicht von wem, na, sagte er, laß mich nur machen, nicht wahr, ich trug eine von seinen Jacken umgeschneidert, ganz gut, sagte er, er fragte, wie groß ich nun sei, außerdem gab er die Hoffnung nicht auf, er werde sich erst mal hier umgucken, nicht wahr, dann werde er schon das Richtige finden für mich. Ich trank einen Korn und deutete an, daß ich das Richtige schon selber finden könne. Im nächsten Moment zeigte er mir, wie er sich mein Schlagzeugspielen vorstellte, er hatte ein Megaphon vor dem Mund und sang röchelnd hinein und schenkte mir noch einen Korn ein.

Später ging ich mit meinen Trommeln und Becken mit meiner Charlestonmaschine mit meiner ganzen Schießbude die Straße hinunter zum Kitzerstein, ins Klubhaus für deutsch-sowjetische Freundschaft, wo Mexer schon am Klavier saß und Sylvester saß auch schon da und wir spielten mit Triebel, der eine ganz schöne Gitarre machte, erst einmal *How High the Moon*, und dann kam natürlich auch Keule Köhler vorbei mit seiner Trompete, der damals so gequetscht blies wie Rex Stewart damals blies auf den Amiga-Jazzplatten, und selbstverständlich spielten wir *Honeysuckle Rose*, ich hackte und drosch und schnarrte und kitzelte das Becken mit meinem Besen und Köhler quetschte alle Töne zusammen, die er erwischte, und Mexer, der wirklich wußte, was ein Piano war, rollte hinauf und hinab und Triebel zuckte wie verrückt über seiner Gitarre und wir waren natürlich ganz oben und spielten *Sugar Foot Stomp*, und als die Tür aufging, kam ohne Zweifel der Mann herein, dessen Namen ich nicht behalten habe, und während ich wischte rührte und klopfte, schraubte er seine Klarinette zusammen, beleckte das Mundstück und fing an zu pfeifen, und alles wurde noch etwas besser, weil inzwischen auch Berkelt mit seinem Baß eingestiegen war, und wir spielten also alle zusammen zupften droschen drückten bliesen rollten quetschten rauschten wühlten und zischten

East St. Louis Toodle-oo, und an irgendeiner Stelle war nun auch Heinritz mit seiner schönen geputzten Trompete aufgetaucht, die er ansetzte, oh, man sah, daß er unerhört blasen mußte, wenn man seine aufgepumpten Backen sah, daß er unerhört spitz scharf und strahlend blasen mußte, und daß es schön sein mußte, mit aufgepumpten Backen zu blasen, mit rotgeschwollenem Kopf, wir alle warteten jetzt auf sein Solo, und als sein Solo kam, führte er uns einen einzigen, allerdings außerordentlichen Ton vor, einen sehr kurzen sehr dünnen, jetzt, nach der Zeit, die seit diesem Ton vergangen ist, würde ich sagen fauchenden Ton vor, der speichelrasselnd aus dem Trichter spritzte, zweifellos lag ihm gerade an diesem Ton eine Menge, denn die Zeit vorher war mit Lippenlecken und probeweisem Aufblasen der Backen nur die Vorbereitung dieses Tones, der ungeheuer luftig heraus aus dem Trichter fuhr, zusammenschmolz und feucht in der Luft zerflog, während wir weiter bis in die Nacht hinein spielten. Als ich die Küchentür aufmachte, saß er schon da mit dunklem Gesicht und donnerte los und schlug auf den Tisch und ich, sieh mal an, donnerte auch, und so schrien wir eine Weile dies und das, bis er aufstand und in den Stern ging, und ich setzte mich und aß den Rest Sauerkraut aus Rettichen oder was gab es denn da, vielleicht Klopse aus Molkenleberwurst mit gebackenen Kartoffelschalen und dann verdrückte ich mich, gute Nacht, und ging mit Sylvester hinauf in die Stadt, wo wir ein bißchen zu Trulla hochpfiffen, die den Kopf aus dem Fenster steckte.

Morgens, wenn ich hinabsah, zwischen die Hinterhäuser hinein, die Fensterscheiben längst wieder aus Glas, sah ich ihn einen Schubkarren schieben. Ich sah ihn im Garten am Komposthaufen und über

dem Mistbeet mit Jaucheschöpfer und Hacke gebückt schöpfen und
hacken. Ich hörte ihn Holz spalten, wenn ich die Treppe hinabging
mit meiner Papptasche, und wenn ich die Treppe wieder hinaufging,
hohlgefragt von dürren mürrischen Lehrkräften, hörte ich seine
Spatenstiche knirschen. Mittags kam er im dicken Kittel mit fin-
strem Gesicht, obwohl damals die Haare schon wieder wuchsen
und über den Ohren schon wieder abgeschnitten werden konnten.
Das Essen kurz stumm, dann in den Garten, mit Bespritzungs-
schläuchen und zwickenden Scheren und kratzenden Harken, mit
Wühlen und Spalten und Rupfen und abends dann in den Stern.

Plötzlich setzte er doch wieder Fett an. Er las im *Thüringer Volk*
und ein bißchen im *Neuen Deutschland*, zog andere Saiten auf und
fand seinen Löffel nicht neben dem Teller und seine Stimme war gut
zu hören plötzlich von allen Seiten und plötzlich doch wieder ein
Ausflug, plötzlich standen wir doch wieder auf einem Aussichts-
turm und dieser Platz schien ihm geeignet, einen Blick in meine Zukunft zu werfen. Er sprach davon, wie sich diese Zukunft zu gestalten habe. Ich solle das und das werden. Das und das sei nichts für
mich, sagte ich. Doch, sagte er, gerade das und das sei das Richtige
für mich. Er beschrieb die schöne gesunde Beschäftigung im Freien,
die nützlichen Kenntnisse für alle Zeiten. Aber das und das, sagte
ich, interessiere mich nicht. Das habe er vorausgesetzt, sagte er, denn
mich interessiere ja ohnehin nur das Schlagzeugspielen. Er sprach
von Verantwortungen und Verpflichtungen, die ich von nun an zu
tragen hätte, von eigenen Füßen, auf denen ich stehen müsse, im
übrigen sei alles schon vorbereitet, alles abgesprochen mit dem und
dem, alles festgemacht. Er habe sogar erwogen, in den Gewerk-

schaftsbund, jawohl, meinem Fortkommen zuliebe, vielleicht eine Funktion in diesem Betrieb, in dem er jetzt eine Rolle spiele, eine Funktion, jawohl, die für mein Fortkommen wichtig und entscheidend sei. Gelegentlich schlug er mit dem Spazierstock durch die Luft.

Später, wenn ich zementbleich mit aufgeplatzten Händen von meiner Nachtschicht kam, liefen wir stumm aneinander vorüber. Später sah ich ihn manchmal im Stern sitzen, sein Bier trinken und gestikulieren. Später hörte ich, daß es ihm gutgehe, ja, allerdings, er säße abends noch immer im Stern, der Weg freilich, schräg über das Trümmergrundstück, sei nicht mehr da, jetzt müsse er hintenherum gehen, am Darrtor vorbei; aber der kleine Umweg mache ihm gar nicht zu schaffen.

Man kann vermuten, wo die literarische Abweichung vom Autobiographischen bei diesem, trotz aller Kunstgriffe sehr persönlichen, vielleicht aber auch kalkuliert verräterischen (und daher nur scheinbar privaten) Text liegt, vor allem aber, wo Ror Wolfs Formen und Inhalte herrühren. Wie auch immer: Der Vater ist die personifizierte Gewalt des Althergebrachten, die Macht der erstickenden, gleichmacherischen Konvention, der es zu entfliehen gilt, unbedingter als der leibhaftigen Gestalt des Erzeugers, auf die projiziert wird.

I Jugend: siehe *Alter*

Der anschließende Text ist selbst für eine Frau, die immer wieder vergißt, aus welcher Gemeinheit beispielsweise eine Abseitsfalle besteht, höchst amüsant. Man ahnt respektvoll, daß es sich für sprachinteressierte Männer auch mit den anderen berühmten Fußballtexten Wolfs ähnlich verhält.

Die heiße Luft der Spiele (1971)

> *Wie sich die Zeiten doch ändern.*
> *Aber vielleicht ändern sie sich wieder.*
> *Max Merkel*

I

Keiner kam mit dem Kopf so schnell hoch, wie Kern, genannt der Drükker, kurz nach dem Krieg übersprang er alle, dabei war er klein, jedenfalls war er nicht groß, und immer war er schon da mit dem Kopf, das war eine Aufregung, ich weiß noch wie Puruker mit einem Koffer ankam und sagte, darf ich mich vorstellen, mein Name ist Puruker, wir sind aus dem Bus gestiegen und losgesaust auf die Tribüne, das war in Mailand, der Schmauch rief: mach doch, na mach doch, was soll ich denn machen? rief ich, die haben uns eingeschmiert und in die Pfanne gehauen, aber acht Tage später, gegen Juventus, die Leute haben kein Bein auf den Boden gebracht, so hatten wir sie im Sack, mit Hamal im Tor, einmal riß er sich blitzschnell die Sportmütze ab und köpfte im Sprung Facchetti den Ball vom Fuß, das Geld ist gerollt wie noch nie, ein verbreitetes Übel waren die Fußpilze, auch Sportflechten genannt, die sich durch Jucken und Brennen zwischen den Zehen bemerkbar machten und über den Fußrücken wuchsen, aber wir sind marschiert, ganz egal, von Anfang bis Ende, die Eintracht kann ein Lied davon singen, mit Pfaff, Kreß und Stein führten sie einmal fünfeins gegen uns, doch wir gewannen sechsfünf, das ist nur ein Beispiel, und gegen die Kickers, mein Gott der Nuber, hinten und vorn, doch Nuber war einsam, und wenn ich an Turek denke, der kam wie aufgepumpt, wir hatten keinen Grund traurig zu sein, und eines Tages sagten wir uns, so wie es bisher war, kann es nicht weitergehen, also fingen wir an, mit vier Stürmern zu spielen, ich war der Schlepper, der Schwingo war Ausputzer, damals zogen wir jeden ab, Boldini stürmte bei uns, ein Junge mit großen abstehenden Ohren, er hieß Boldini und war ein genialer Brecher und Reißer und Torschmetterer, aus vollem Lauf schlug er die Bomben krachend unter die Latte, so war es auch gegen Brasilien, da war das Wunder geschehen, kurz nach der Pause bezog sich plötzlich der Himmel, alles war schwarz, der Sand wirbelte hoch und schon ging es los, überall Wasser, wohin man sah Wasser, und dieses Wasser wurde den Brasilianern zum Verhängnis, sie fanden sich einfach nicht mehr zurecht, auch Leonidas nicht, in seiner Ratlosigkeit zog er zuerst die Schuhe aus und dann auch die Strümpfe, aber das half nichts, er patschte herum und wir hatten richtige Pflöckchen unter den Sohlen und waren von da an nicht mehr zu halten, später, als alles abgeflossen war, kamen die Brasilianer wieder, die mit der Hitze besser fertig wurden, am Samstag darauf dann haben wir angefangen, gegen Benfica, einsnull zweinull, ganz trockener Boden, dreinull viernull, wir haben sie rennen lassen, das war am Samstag, am Montag sehe ich plötzlich den Schwingo nicht mehr, ich rufe zum Bachmann, wo ist denn der Schwingo? also während des Spiels gegen die Stadtauswahl sah ich den Schwingo nicht mehr, wo ist denn der Schwingo? rief ich und Bachmann ruft, der Schwingo ist in die Kabine gegangen und trinkt eine Brause, so hatten wir sie im Sack, fünfnull, früher war das nicht anders, ich weiß noch, wie Schmauch den Ball hatte und plötzlich das Loch sah, da rief der Schmauch: Kern! und schon war der Kern mit dem Kopf da, er sprang höher als alle anderen, dann kam der Winter, überall Schlamm, sieben Mittel hatten wir gegen kalte Füße, denn die Füße waren das wichtigste, ich hatte nie Schwierigkeiten damit, ich habe die Bälle voll aus der Luft genommen, patsch, Tor, zurück und patsch patsch, eins zwei drei, dann bin ich mit meinem Koffer zur Bushaltestelle gefahren, allerdings hatte ich Sorgen mit meinem Nacken, der Kern sagte, paß auf, du nimmst ein Stück Schlauchbinde und füllst es mit Watte zu einer Rolle, die Rolle legst du dir vor dem Schlafengehen um den Nacken, der Kern war schon groß, aber der Sturza war wirklich der Größte für mich, der hat Sachen gemacht, einmal stand er im toten Raum und rutschte von dort in die Bälle hinein, die ich ihm hinlöffelte, was sich hinterher abgespielt hat, war unbeschreiblich, davon sprechen sie heute noch, Hamal im Tor, nicht zu vergessen, Kobo Bachmann, das war ein Treiber, einmal fuhr er in seinem Bugatti durch Köln, er überschlug sich und prallte an einen Baum, der Bachmann kam mit dem Leben davon, aber die Ärzte haben ihm ein Ohr abgenommen, seit diesem Tag trägt er auch seine Ohrenklappe, noch besser war damals Puruker, ich habe geguckt, als er eines Tages daherkam mit seinem Koffer, darf ich mich vorstellen, mein Name ist Puruker, als er das erste Mal schoß, gingen die Augen auf, beidbeinig hatte er einen Riesenhammer, in Glasgow jagte der Rammer, wie man ihn damals schon nannte, den Ball an den Pfosten, den zurückspringenden Ball im nächsten Moment an die Latte, den abermals zurückspringenden Ball mit teuflischer Wucht in den Kasten, ein Mann sprang auf und klatschte, ein Mann, der sonst höchstens lächelte: Matt Busby, ich hatte in Glasgow gesagt, wenn wir jetzt hier herausgehen, dann werden wir ein Geschrei hören, gegen das alles, was wir bisher gehört haben, einfach gar nichts ist, und so war es auch, beim Bankett nach dem Spiel sangen die Schotten, sie sangen wundervoll, eine schöne Zeit näherte sich ihrem Ende, allmählich wurde ich auch älter und spürte in meinem Nacken den jungen Lemm, also hörte ich auf, aber wieder zurück nach Glasgow, dieser Sache kann keiner entrinnen, sagte ich, nicht einmal ich, da sind wir hinausgegangen, ein leichter Wind blies, der Sturza stand da und sagte: mach nur, mach nur, es war schon was los in der Mannschaft, wenn ich an Paniz denke, der hatte Schenkel die waren so dick, daß die Damen den Mund aufklappten, er konnte mit seinem linken Fuß ein Rind umschießen, er übertraf alle, der Paniz? hatte Sepp Herberger gesagt, der Paniz ist eben der Paniz, und eines Tages in Köln geht der Paniz in einem großen Alleingang an zwei drei Leuten vorbei, er versetzt sie wie nichts, aber nun will er an diesem Sonntag auch noch am vierten vorbei, und der bricht ihm ganz einfach das Schienbein, der Knacks ging unter die Haut, da lag er und schrie, ich sehe noch sein Gesicht, aus für alle Zeiten und Schluß; an diesem Tag wurde wirklich böse gehackt, serienweise wurden die Spieler hinausgetragen, Puruker, Bachmann und viele andere, Wilden zum Beispiel, auch ich wurde gleich mit unfeinen Tritten bedient, ich mach dich jetzt um! rief Schäfer, heute spielst du nicht lange! und immer wenn ich an ihm vorbeikam, rief ich: du erlebst das Ende des Spiels nicht mehr! deine Laufbahn geht heute zu Ende! aber am Abend sah alles ganz anders aus, ich weiß gar nicht mehr, wie oft Schäfer zu mir kam und sagte: du weißt doch

Junge, daß ich dich niemals absichtlich verletzen würde, und ich sagte: Junge, das weißt du doch auch, es war alles vorbei und nichts war passiert, wir schüttelten uns die Hände, das sehe ich gern, sagte Deuser, der kurz hereinkam, das ist versöhnlich, Schäfer spielte zu dieser Zeit noch mit Nockenschuhen, ich hatte achtzehner Stollen darauf, Puruker zwölfer, wir waren auch die ersten die Strumpfhosen trugen, die Leute lachten, als wir auf den gefrorenen Platz kamen, später haben wir dann gelacht, als ihnen das Blut von den Knien floß, der Schwingo zog einem Ordner den Hut über die Ohren, er aß nur, was dick macht, und hatte viel Speck auf den Rippen und immer Brote im Koffer, überall, wo wir hinkamen, qualmte es, einmal stand eine ganze Fabrik in Flammen, weil der Direktor nicht freigeben wollte am Nachmittag, und einmal nannte ich den Mazzola einen Spaghettifresser, schon gab es den schönsten Streit, wir rissen Witze im Bus und machten Theater, es war eine Stimmung wie damals gegen Rapid, als der Paniz in die Kabine kam, tropfte er, ich weiß nicht, ist das Schweiß oder Regen? der Bachmann hat alles mit seiner Kraft zerstampft, Boldini rammte dem Turek ein Alptraumtor in die Maschen, der Kern ist höher gekommen als alle anderen, bei strömendem Regen fuhren wir im offenen Wagen vor das Rathaus und ich hielt den Kuchenteller in die Höhe: so ungefähr.

2

Das war es eigentlich, was ich sagen wollte. Was bleibt, sagte ich, ist die Erinnerung, der Ruhm verfliegt. Ich denke nur an Paul Marix, der gleich, nachdem er gekommen war, so gut einschlug. Es regnete damals in Strömen, da kam also Marix, der bescheidene Gasmann im Leben, aber mit tödlichen Füßen. Die Leute sangen, wenn sie uns

sahen, überall, wo wir erschienen, nur in Madrid war es still. Paul
Marix hatte Alonso in zehn Minuten drei Prachtexemplare ins Netz
gefetzt, Servus Ade, ich dachte mir fliegen die Fäuste fort, sagte
Alonso am Abend, Servus Ade, wir sausten von einem Ding in das
andere, die Tribünen kochten und platzten, und Marix im Gummimantel, eines Tages war er gekommen, die Torhüter schlugen die
Hände vor ihr Gesicht, wenn er anlief. In Liverpool schoß er zwei
Engländer aus der Mauer heraus, das gab es nie wieder, und später in
Glasgow, ich will nicht davon reden: stopft Watte in eure Ohren,
sagte ich später, als wir nach Glasgow fuhren, das war eine Zeit, und
wenn ich von dieser Zeit rede, dann muß ich vor allem von einem reden. Paniz war damals nach Mailand gegangen, jetzt ist es aus, sagten alle, aber wir behielten die Ruhe und stürmten weiter, für Paniz
kam Wobser, von dem es schon kurze Zeit später hieß: so gut war
noch keiner. In Stuttgart zum Beispiel lief er mit riesigen Schritten
über den glitschigen Boden und trat Sawitzki samt Ball in den Kasten; in Köln ließ er Schnellinger tanzen, bis dieser taumelnd vom
Platz ging, mit Füßen wie Bügeleisen, Wobser, ich sage nichts neues;
die Bayern wurden vom Rasen gewischt, in Schalke gingen die Fah-
nen in Flammen auf; mit einem Rucksack voll Luft zog er davon, er
brauste die Linie hinunter mit Dampf links und rechts, nach ihm
wurde ein Hut benannt und ein Fruchtsaftgetränk, aber wie das im
Fußball so ist, an einem eiskalten Abend kurz nach der Pause, da
kam schon das Ende, hinkend stieg der gelernte Bäcker hinein in den
Bus, siebzig Kilogramm schwer, zwei Jahre später war er sehr dick
und sagte: mir geht es gut. Was ist mit dem Bein? fragte ich. Das Bein
ist in Ordnung. Aber Wobser kam niemals wieder. Für Wobser kam
damals Paul Marix im Gummimantel, und Marix, sagte man bald,

der wäre noch besser als Wobser. Im ersten Spiel gegen Ajax, die Holländer gingen weinend vom Platz und dafür hat Marix gesorgt. Inter wurde in Grund und Boden gerammt, der Jubel war groß und Hamal war in der Form seines Lebens, du liebe Zeit, Hamal, so flog er, so warf er sich vor die Stiefelspitzen, er sammelte Pilze, das war seine Leidenschaft, und eines Tages hat er den nassen schweren Ball voll ins Gesicht bekommen, man trug ihn davon, das Blut tropfte von ihm hinab in den Schnee, doch es dauerte gar nicht so lange und schon ging es weiter, dankeschön, bravo, in Glasgow zum Beispiel, wir nahmen den Cup in den Arm und fuhren davon. Da öffneten sich plötzlich die Türen, ich brauchte nur noch hineinzugehen. Kommen Sie her zu uns, sagte Herrera, Sie werden es niemals bereuen, vierhunderttausend glatt auf die Hand, aber ich bin im Lande geblieben, Servus, ich weiß doch Bescheid. Und wie geht es weiter? wollte man wissen. Ich sagte: wir werden schon sehn, wie es weitergeht. Die Leute rissen die Augen auf, denn damals hielt man erstens noch nicht viel von anderen Sachen und zweitens, was war denn zweitens? ich weiß nicht, die Hauptsache jedenfalls war etwas anderes, das war die Hauptsache, vierhunderttausend, damals hatte ich schallend gelacht, nein meine Herren, ich bleibe im Lande, ich weiß doch was los ist, sagte ich, unter der Haustür, vierhunderttausend, Auto und Wohnung, aber das ist vergessen, wir waren wirklich in Schwung, laßt sie nur kommen, wir fressen sie alle, Schwingo in seiner bekannten Art schwang den Cup, seine große Zeit kam erst nach dem Spiel, dann balancierte er einen mit Bier gefüllten Zweiliterkrug stehend und liegend auf seinem Kopf, das heißt aber nicht, daß alles so weiterging, vor allem mit Marix. Ich kann mich noch gut erinnern, wie er hier ankam, im Gummimantel. Was ist das denn für einer? hatte Bachmann gesagt; dann zog er sich aus und legte den Mantel ab und schon hat es gekracht in dieser Schwüle, schon schlug es ein, im ersten Spiel gegen Ajax, das weiß ich wie heute, die Holländer schlichen weinend in die Kabine, daran muß ich jetzt denken, der kleine Mann mit dem breiten Kreuz, oft genug lag er da und wurde trotzdem wieder gesund, aber eines Tages fragten die Leute: was ist denn mit Marix? und alle fragten sich plötzlich: warum denn wieso denn? zum Beispiel wo bleiben die Flanken, wo bleibt denn der Flachpaß? wir saßen zusammen in diesem Geruch nach Kampfer, der Rasen war hart, der kälteste Winter ich glaube seit neunzig Jahren oder noch länger. Marix hatte sein Schußbein in Gips, ich hatte Ärger mit meinem Nacken, Schmauch hatte ein dickes Knie, die Prellungen zählten wir gar nicht, die Quetschungen, Zerrungen, das waren Kleinigkeiten. So gingen wir unter in Matsch und Eis. Und wenn ich den Gips abhabe, sagte Paul Marix, dann lege ich los. Seine Sehne war völlig zerfetzt, ich schüttelte damals den Kopf, der Winter verging, und Marix ging so, wie er gekommen war, im Gummimantel. Was bleibt, sagte ich, ist die Erinnerung, der Ruhm verfliegt, und die Narben bleiben, die lassen sich nämlich nicht abwaschen unter der Brause. Der Winter verging, die Leute pfiffen wenn sie uns sahen und spuckten uns voll auf dem Weg zur Kabine. Jemand am Telefon schrie eines Abends: du hast doch nur Scheiße in deinen Latschen. Warten wir ab, sagte ich, mit wem spreche ich denn? Ich stech dich noch ab, paß mal auf, schrie er. Gut, wenn Sie meinen. Damals kamen die Ordner mit blutigen Köpfen zu uns von den Schlägen mit Fahnenstangen und riefen: wir können nicht mehr, wir haben Familie, so war es, wir waren im Dunkeln verschwunden, die Tür schloß sich hinter uns, jemand stand auf: Servus, machts gut.

Der Trainer sagte noch ein paar Worte, mehr sagte er nicht, er sagte den kürzesten Satz seines Lebens und nahm seinen Hut. Nun ändert sich alles, sagte der Vorstand, doch es änderte sich überhaupt nichts, wir blieben im Keller, aus und vorbei. Mensch mach doch was, tu doch was; immer kam jemand und sagte: versuch doch was, mach was, Mensch tu was; doch es lief nichts zusammen, die Karten verfaulten an unseren Kassen. Im klatschenden Regen ging Marix davon. In ein paar Wochen, sagte er damals, käme er wieder. Aber Marix kam niemals wieder. Das war es dann eigentlich, stand in den Zeitungen, das wäre es dann wohl gewesen, damit hätte es sich, das wäre das Ende. Aber das letzte Wort war noch längst nicht gesprochen, denn plötzlich kam Schwingo der Wahre unter vierzig Pfund Speck hervor, die der Trainer ihm abgekocht hatte, und Schwingo, der für sein Leben gern Klöße aß, schoß flach, vielmehr halbhoch das schönste Tor dieses Tages, na also, wir knallten aus allen Lagen. Auf dem brüllenden Bieberer Berg rauchte es und die Kickers verschwanden, weiß wie die Wand; in Hamburg ging Seeler schimpfend vom Platz, womit alles gesagt ist über die Sache; in Bremen wühlten wir uns durch die dicke Brühe, gegen den Wind, auf dem schweren Gelände, einem Zuschauer platzten auf einmal Raketen in seiner Tasche, in roten und blauen Blitzen rannte er krachend um sein Leben und warf seine Jacke fort; und als wir aus Kaiserslautern abzogen, mit zwei Punkten im Koffer, hatte man eine Elektrische auf die Straße gekippt. Wir waren zufrieden und sausten von einem Ding in das andere, das alte Lied auf den Schultern der Leute, da war es wieder, überall wurde gesungen, sogar die Wiener klatschten, die sonst nur im Winter klatschen, wenn sie kalte Hände haben. Es ist nicht zu glauben, sagte Fritz Walter, Herberger nickte, er hatte das kommen sehen, und Merkel stand auf: alter Freund, jetzt müßte man auf spanisch mal wissen, was kalter Arsch heißt, sagte Merkel später in Spanien. Viele Jahre waren vergangen. Der Kellner servierte einen gebratenen Fisch, wir spielten eine Partie Domino, alter Freund, sagte er, was ihr damals gemacht habt, das hat es noch niemals gegeben. Er saß mit dem Fernglas auf dem Balkon und sah in die Ferne: niemals zuvor und niemals wieder. Aber wieder zurück zu der Sache von der ich gesprochen habe, die Zeit ging vorbei, Woche um Woche, dann war es soweit, wir fuhren bis vor das Rathaus, im offenen Wagen, alle riefen nach Lemm. Marix war längst vergessen. Und wer Wobser war, wußte keiner mehr, denn der Ruhm verfliegt, was bleibt, sagte ich, ist die Erinnerung. Das wollte ich sagen.

3

Später kam ich ins Kreuzfeuer der Fragen: danke, mir geht es gut, waren meine Worte, ich trinke am liebsten Kakao, ich esse was auf den Tisch kommt, am liebsten esse ich Linsen mit Speck, Musik mag ich gern, mein größtes Problem ist mein Nacken, Uwe Seeler ist menschlich wirklich in Ordnung, Rahn ist ein großartiger Mensch, mit Morlock versteh ich mich gut, undsofort, paß mal auf, fragte jemand, jetzt muß ich dich mal was fragen, erinnerst du dich an die Sache vor dem Spiel gegen, Moment, 96, da kam ich mit meinem Orchester bei euch vorbei, dein alter Freund Paul Stein, kannst du dich nicht erinnern? klar, sagte ich, wir haben doch Saxophon gespielt mit der Sängerin, ja, sagte er, mit der Sängerin, also, sagte ich, du siehst ich erinnere mich. Dann fragte mich ein Mann namens Rink. Der Name Rink, der kommt mir bekannt vor, sagte ich, ja, sagte er, 1956, Stuttgart; Rink? sagte ich, jawohl Rink; natürlich, sagte ich,

Rink, selbstverständlich. Was machen Sie sonst noch? fragte man schließlich, na wandern, viel wandern, vor allem viel wandern, mein Lieblingsgericht ist Linsen mit Speck, ich trinke gerne Kakao und erinnere mich noch an Heiner Träg, an Sterz Munkert, Jupp Gauchel, um nur einige zu nennen, natürlich an Schanko, Hans Jacob, an Münzenberg, Nagelschmitz, Termath und Bögelein. Und Jaschin schrieb damals: du bist ja eine Kanone, mein Lieber, dein alter Freund Jaschin. Dann ging ich so um die Ecke und schon rief jemand: na so was, hier sieht man sich wieder, erzähl mal was los ist, was soll ich erzählen? erzähl mal das dritte Tor. Also ich nahm ein Bier, kurz, ich bin kein Freund von vielen Worten, es war so: null Grad aber trocken, abgetropft von der Brust, dann direkt aus der Luft. So war das.

4

oder wie war das mit Dortmund, als alle riefen, daß ich rein sollte und Schmauch dafür raus, daß ich also für Schmauch auf den Platz sollte, ich weiß das wie heute, das war eine Wärme, was hatten wir damals? ungefähr dreißig, lieber Gott weit über dreißig Grad, alle riefen Schmauch raus und ich sollte rein, nun hatte mich damals die Schleimbeutelentzündung zurückgeworfen und es gab welche, die haben geglaubt, daß ich nicht mehr der alte bin, Schmauch raus, Schmauch raus, so ging das die ganze Zeit und kein Tor, aber dann kam der Moment, wo der Chef sagt: steh auf und geh rein, mach dieses und jenes, ich ging also rein und nun fängt die Sache erst an, kaum bin ich drin, da schnappe ich mir die Kugel, bügele sie mir zurecht und ziehe davon, das werde ich nie vergessen, Kelbassa steht plötzlich vor mir, soll ich jetzt links vorbei oder doch lieber rechts?

ich bin links vorbei, wupp, und hebe den Ball über Bracht, der plötzlich heranspritzt, direkt aus der Luft, patsch, schon kracht es, ich wieder zurück eins zwei drei rechts an der Linie entlang, erst laß ich Schlebrowski aussteigen, peng, schon flattert das Netz, entsprechend geht das auch weiter, ich laufe dem Sandmann davon, das Leder klatscht an die Latte und wumm, schon zappeln die Maschen, ich schleiche an allen Sperren vorbei mit der Kugel am Fuß und pflastere sie mit Schmackes ins Netz, ich spritze aus dem Gewühl heraus und bums, schon rauscht es im Kasten, ich hatte mich kaum gedreht, schon hat es gekracht, Boldini serviert mir dann eine Flanke, ich wuchte sie mit der Stirne hinein, Schwingo tritt eine Ecke von rechts, ich steige hoch, das ist alles, schon krachte es wieder, dann kommt noch ein Paß von Paniz, besten Dank, sage ich und mache das bißchen, schließlich am Schluß noch ein Einwurf von Kern und wieder bin ich zur Stelle, ein krachender Abschied, eine Knallschote will ich mal sagen, Kwiatkowski hatte wirklich nicht viel zu lachen an diesem Tag, ich hielt nur den Fuß hin und rumms, fertig aus, eigentlich spreche ich nicht gern davon.

5

Und gegen den Club, also ich fiel fast um, als ich den Schnee sah, überall Schnee, das ist Gift für mich, wer mich kennt, weiß das, aber sonst fühlte ich mich in Schuß als wir einliefen, also ich lief ein paar Schritte, schon fiel ich um und hatte eine Fleischwunde am Schenkel, jemand war mit seinem ganzen Gewicht auf mich gefallen, ich tupfte mir mit dem Wattebausch das Blut ab und lief weiter, nun machte mir aber das Knie zu schaffen, ich lief ein paar Schritte, jemand traf mich mit seinem Stiefel am Kopf, da fiel ich um, meine

Backe war aufgeschlitzt, ich stand auf und lief in die Kabine, dann kam ich wieder mit meinem verpflasterten Gesicht und lief ein paar Schritte, bald danach fiel ich um, jemand war mir ins Standbein gesprungen, na gute Nacht, ich stand auf, nicht viel später sprang mich jemand an und riß mir die Kniekehle auf mit dem Stollen, ich fiel um und wurde verbunden, als ich wiederkam und ein paar Schritte gelaufen war, sprang jemand voll auf mich drauf, ich fiel um, mein Fuß schwoll stark an, trotzdem stand ich auf und lief weiter, aber nun war meine alte Verletzung aufgebrochen, vor allem hatte ich einen Schmerz in der Leiste und nach der Spritze hatte ich gar kein Gefühl mehr im Fuß, das war auch der Grund, warum ich umfiel, ich wurde massiert und stand wieder auf, ich hatte zwei Zehen gebrochen, das kommt schon mal vor, aber schlimmer waren die Stiche im Rücken, ich spielte ja damals mit einem Korsett, ich stand wieder auf und später in der Kabine fiel ich dann beinahe um, doch schon war die Pause zu Ende, ich schleppte mich raus mit meinem verbundenen Kopf, mit meinem in Schwammgummi verpackten Knöchel, es war noch keine Minute vergangen, da falle ich um, kaum bin ich aufgestanden, rammt mich jemand zu Boden, gerade stehe ich wieder, da legt mir jemand die Hand aufs Gesicht und ich falle um, jemand zieht mir die Beine weg oder jemand macht eine Schere, jedenfalls falle ich um, ich ließ mir Verbandsmull reichen und dann ging es weiter, humpelnd, aber nicht entmutigt, kaum hatte ich ein paar Schritte gemacht, da rief jemand: so, jetzt kriegst du noch einen, na, ich fiel um, trotzdem blieb die Freundschaft bestehen, als ich aufstand, schüttelten wir uns die Hände, nichts für ungut, rief er, jemand rief: Junge, hau rein, und schon machte jemand ein langes Bein und da lag ich natürlich, ich wurde hinausgebracht und als ich wiederkam mit meiner Bandage kurz vor Schluß fiel ich um, jetzt reicht es mir aber, rief ich, jedes Wort tat im Mund weh, weil die Lippe gespalten war und die Zähne waren ganz locker, ich merkte nun auch, wie das Auge zuschwoll, ich rief: jetzt hört der Spaß auf, da fiel ich um und im Fallen schob ich das Leder zwischen Popps Beinen hindurch an Wabra vorbei in den Kasten. Aus. Schluß. Einsnull. Das vergesse ich nie.

6

plötzlich zischte und krachte es, und ich wußte nicht mehr, wie es stand, bei diesem Stampfen und Schreien, ich konnte die Bälle nicht sehen, die auf mich zukamen, irgendwie war ja auch Blut an meinem Schuh oder es tropfte heraus aus dem Schuh und als es jetzt pfiff, da wußte ich plötzlich, daß wir gewonnen hatten, überall stach es jetzt auf dem Weg in den Tunnel durch das Spalier stach es plötzlich, Schwingo, den sie auch weichgeklopft hatten mit ihren Mätzchen, sagte, daß sich der Club nicht wundern soll, wenn man ihm auswärts demnächst schon mal die Hosen runterzieht. Ich war fix und fertig. Jemand zog mir das nasse Hemd aus, da sagte der Schmauch mit seinen gestempelten Waden: der ißt das noch auf, paß mal auf, nämlich das Hemd, und so sah es auch aus. Im Umkleideraum floß der Sekt, wir tranken aus Pappbechern, der Masseur verband meinen Arm, Kobo Bachmann sagte, er sage ja nie was über den Schiedsrichter und über diesen schon gar nicht, einer gab mir ein Mittel gegen Verrenkungen, aber ich hatte gar nichts verrenkt, wie sich später herausstellte, der Mann drehte meinen Kopf mit aller Macht und ich hatte das gleiche Gefühl, wie damals beim Schlag von Juskowiak, wie mit der Axt in der Mitte gespalten. Eine Woche später klingelt es plötzlich. Ein Freund meines Onkels kommt zu Besuch, wir kommen auf Seeler zu sprechen, der lange verletzt war, dann zog ich mich an und wir fuhren in die Klinik. Ich wurde herzlich begrüßt und man wünschte mir Glück zum Pokal, der Professor nickte mir zu, komm Junge, sagt er, eh ichs vergesse, zieh dich aus, du bleibst bei uns, du hast nämlich ein gebrochenes Genick.

7

Auf dem Massagetisch fragte man mich, ob ich noch etwas spüren würde. Ich bin neugierig, was sie von mir wissen wollen, sagte ich. Und wie gehts weiter? fragte man. Na wie solls weitergehen, ich will noch eine ganze Menge Tore schießen, so gehts weiter, und später werde ich mich ganz meiner Gummiwarenfabrik und meiner Familie widmen. Dann fragte man mich noch nach meinem schönsten Tor. In seiner Art ganz schön war das vierte Tor gegen die Rangers, aber das Tor gegen den Club kurz vor Schluß, das war auch ganz schön.

Später war ich mit kalter Wut in die Kabine gedampft und verzichtete auf das Bankett anschließend, dankeschön, ich riß mir die Schuhe von den Füßen, Schluß, nie mehr wieder, ich werde diesen Boden nicht mehr betreten. Warum? fragte man. Da fragen Sie noch? Darauf nahm ich meine Tasche und ging. Später sah man mich oft in meinem Zigarrenladen. So war es.

Ja, es läuft gut, sagte ich später an meiner Tankstelle, ich war überrascht, als ich hörte, daß es nicht mehr so gut laufen würde wie früher, wir haben uns unterhalten und ich sagte, so oder so ist das nicht, es ist alles in Ordnung, es läuft alles sehr gut.

Später fand ich beruflich mit der Generalvertretung für wartungsfreie Aluminium-Fassadenverkleidungen im Stülpverfahren mit zweischichtiger Styroporunterlage eine ausgezeichnete Existenzgrundlage.

Jetzt habe ich meine Tauben, die Klappen fallen herunter, wenn ich die dunklen Punkte am Horizont sehe, kommt es mir immer vor, als wäre ich selbst geflogen, ich höre das Klatschen der Flügel über dem Dach, unten auf der Straße rufen sie: Mensch, Junge, wie gehts? Ach mir gehts gut, rufe ich, ich freue mich schon auf das nächste Frühjahr, dann sitze ich unten im Garten und trinke ein Bier mit dem Vater, dann geht es mir durch den Kopf, wie komisch das Leben sein kann, da hat man so vieles falsch gemacht und trotzdem stimmt alles am Ende.

I Kontinente. Bekanntlich hat Lemm die Behauptung aufgestellt, die großen Kontinente, namentlich aber Asien, Europa und Afrika, haben, solange die Erde bewohnt ist, den Schauplatz für viele Bewegungen zwischen Höhe und Tiefe und Anlaß für andere große Unterschiede abgegeben. Das ist falsch; ich bin zu wesentlich anderen Anschauungen gelangt und glaube nicht mehr an die Angaben früherer Beobachter.

I Körper. Wir fühlen etwas, das wir unseren Körper nennen. Wir fühlen, wie er sich hebt und senkt. Wir bemerken seine Bewegungen und etwas wie ein Einsaugen oder Einschlürfen in dieser Gegend, in der unser Körper sich bewegt und etwas einsaugt und einschlürft.

Dabei bleibt unser Körper keinen Moment lang an Form und Inhalt der gleiche; obwohl es sich selbstverständlich um einen langsamen beinahe unbemerkten in kleinen Zeitabschnitten erfolgenden Wechsel handelt: doch dieser Wechsel erfolgt ohne Schwierigkeiten; er ist also nicht einmal zu beklagen.

❙ Körperbewegungen.   Die Bewegungen des Körpers sind von großem Einfluß auf die ganze Welt; freilich muß dabei die nötige Rücksicht genommen werden, um schädliche Wirkungen zu vermeiden.

Nobo läßt für den Ich-Erzähler, Tütensuppenvertreter, mit der Aufforderung zum Hören, Sehen Riechen dort, wo nichts ist, eine Welt erstehen. Darum geht es: die Kahlheit der Welt zu bevölkern. Was zunächst nichts anderes bedeutet, als die sinnvollen Scheuklappen der Routine abzuwerfen und die beständig zwischen Schönheit und Katastrophe flackernde Wirklichkeit als sinnfreies Abenteuer wahrzunehmen. Der bemerkenswerteste Satz aber lautet: »Ich treffe sehr ruhige Männer in beinahe leeren Zimmern. Ihr Gedächtnis ist weiß. Sie starren die Gegenwart an, und alle Sachen sind ganz zersplittert.«

Oder ist es, bedenkt man Ror Wolfs Beitrag zum Bemühen, den Sinn aus der Tiefe in die Sichtbarkeit der Oberfläche zurückzuholen, doch eher dieser: »Meine Schuhe sind stumpf, dabei stehen überall Schuhputzmaschinen mit weichen und harten Bürsten, die den Glanz dieser ganzen erbärmlichen Welt, einen strahlenden Glanz, garantieren, einen tadellos sprühenden anstrengungslosen Glanz«?

1

Haben Sie bemerkt, daß sich alles verändert hat? Haben Sie das be-merkt? Es ist alles anders geworden, finden Sie nicht? Zwar nicht äußerlich, nicht so sehr, aber anders. Dabei glauben die Leute, es hätte sich gar nichts verändert, es sei alles beim alten geblieben. Doch ich sage Ihnen: Alles ist anders geworden, unter der Oberfläche, ver-stehen Sie, nicht in der Art einer Kleinigkeit, sondern regelrecht, überall, oh, Sie werden mich schon noch begreifen im Laufe der Zeit.

Das waren Nobos Worte am Fenster. Kaum waren die Worte gefal-len, da geschah plötzlich nichts. Es geschah aber so außerordentlich auffällig nichts, daß ich keinen Grund habe, keine Lust, keinen An-laß habe, davon zu sprechen oder darauf zurückzukommen. Nobo sagte: Ich täusche mich nicht, Sie verstehn, was ich meine, Sie verste-hen mich schon, es ist gar nicht so schwer, sehn Sie: dort. Oder dort. Dort ist alles verändert. Natürlich kann man das hier noch nicht sehen, heute sieht man noch gar nichts, man sieht zwar nicht ganz und gar nichts, aber so wenig, daß man mit einer gewissen Berechti-gung sagen kann: Man sieht hier so wenig wie gar nichts, oder so gut wie gar nichts.

Er steht ruhig am Fenster und klopft seine Asche hinab in die Tiefe. Es ist ziemlich sicher, daß etwas passieren wird; nein, nicht sofort, nicht jetzt gleich, nicht in diesem Moment, aber warten Sie ab, es wird eine Menge passieren. Ich hörte ihm zu mit dem Bier in der Hand und sah mir die Gegend an, diese Häuser dort auf der anderen

Seite. Niemand ging raus, niemand rein, es war wirklich nichts los. Eines Tages fuhr eine klappernde Bahn vorbei, mit Menschen, die Zeitungen lasen und Semmeln aßen, sie schrien nicht. Und ich? Ich schrie auch nicht, ich warf einen Blick in den Himmel: nichts, gar nichts. Und als ich hinaufsah, da fragte mich Nobo, was dort, wo ich hinsah, zu sehen sei. Es ist gar nichts zu sehen. Da täuschen Sie sich, sagte Nobo, wenn Sie nichts sehen, täuschen Sie sich, doch Sie müssen schon selber wissen, was Sie dort sehen, ich kann Ihnen wirklich nicht helfen. Sie sollen ja auch nicht das alles, was Sie dort sehen, für etwas Besonderes halten, aber der aufmerksame Betrachter findet fast überall eine Gelegenheit, etwas zu sehen, auch etwas Besonderes. Er hob seine Hände und ließ sie sofort wieder fallen. Und jetzt sah ich wirklich etwas. Ich sah eine Frau aus einer Veranda kommen, sie kam tanzend heraus, ohne zu schreien, sie blutete nicht, sie ging wirklich ganz langsam die Straße hinab mit einem Karton und einem schwebenden Rock. Sehen Sie, sagte Nobo, da geht es schon los, da fängt es schon an. Und später fuhr auch ein Auto davon, und dann sah ich Zeitungsmänner durch die Straße ziehen und Zeitungen in die Blechschlitze schieben. Und wirklich, jetzt sah ich dort rechts einen Mann um die Ecke verschwinden. Notieren Sie diesen Fall, sagte Nobo, notieren Sie alles, was Sie jetzt sehen, gewöhnen Sie sich im ganzen daran, alles aufzuschreiben, es lohnt sich, mein Guter, es wird zwar nicht leicht sein für Sie, einen Überblick zu bekommen, doch Sie sollten es trotzdem versuchen.

Es machte mir gar nichts aus, nichts zu sagen, denn da ich ohnehin nichts zu sagen hatte, fiel mir die Sache nicht auf. Ich sah einen staubigen Hof und ein Dach und im Fenster, gleich gegenüber, etwas

ganz Neues. Es war keine Frau, es war auch kein Zucken kein Zuk-
ken, es leuchtete nicht, es war überhaupt nichts in dieser Art. Und
selbst Nobo konnte sich nicht entscheiden; schließlich hielt er es
trotzdem für eine Frau. Sie hatte sich aus dem Fenster gebeugt, um
etwas hinunterzuschütten, es plätscherte plötzlich im Hof, dann
wurde ein Vorhang zur Seite geschoben, ich sah nur die Hand. Ich
weiß nicht, sagte jemand, warum es so plätschert. Und eine andere
Stimme sagte: Ich weiß es doch auch nicht.

Vorzüglich, sagt Nobo, ganz ausgezeichnet, jetzt *hören* Sie also auch
etwas. Ich bin sehr zufrieden mit Ihnen. Was hören Sie denn?

Ich höre vielleicht das Geräusch einer Bahn, die vorbeifährt, aus
einem Tunnel heraus, und von weitem höre ich Nobos Stimme, der
eine wichtige Sache mit mir bespricht, und dann höre ich noch eine
Bahn, pfeifend, schaffnerlos auf der schwankenden Brücke, und
Lastwagen höre ich hintereinander mit Ladeflächen, auf denen es
scheppert und klirrt.

Was hören Sie noch? Ich höre, wie jemand das Gitter des Supermarkts aufschiebt, und in der Ferne, gar nicht so weit wie man
meint, stehen kleine Hotels mit dünnen Balkonen mit kleinen Bewegungen hinter den Scheiben, ein Hochziehen, knisternd vielleicht, von Strümpfen, ein keuchendes Überziehen von Hemden,
ein Schaben an einem schäumenden Kinn, ein Zuknöpfen wirklich
von unten nach oben und danach womöglich ein Messer, ein Messer,
das scharf in ein Brötchen hineindringt, knirschend hinein, und
Marmelade womöglich und Butter vielleicht und zwei Stückchen

Zucker, und Eidotter weit in der Ferne, und einen winzigen Gurgelvorgang hab ich gesehen, mit einem hart in den Nacken geknickten Kopf, meine Güte, ich hatte tatsächlich den Eindruck, als würde der Kopf im nächsten Moment einfach lautlos nach hinten kippen und auf den Boden fallen, und alles Wasser aus diesem Mund würde langsam heraus auf den Boden sickern. Ich sehe dann Bahnen vorbeifahren, und die Menschen, oh, sie vergrößern sich beim Vorübergehen und schrumpfen wieder zusammen, und drüben steht plötzlich ein Mann und sieht mir direkt ins Gesicht, und sein Körper zittert bei einem lautlosen Lachen. Dann sehe ich ein Gespräch, was denn noch, an der Glastür des Supermarkts, kopflos und achselzuckend und schulterklopfend mit hochgehobenen Tüten. Das Wetter ist stumm, wie angehalten, bewegungslos luftlos grau überstaubt, die Türen sind alle verstopft, die Fenster verhängt, dann sehe ich noch eine Bahn.

Es ist zwar ein Unterschied, sagte Nobo, ob fortwährend Bahnen vorbeifahren, oder ob keine Bahnen vorbeifahren, doch über Bahnen brauchen Sie nichts mehr zu sagen, um Bahnen geht es hier nicht.

Ich sah eine Hand in der Hosentasche verschwinden und sah noch immer den Mann, der dort stand. Nein, er steht nicht nur einfach so da, er ist vielmehr in einer fremden Bewegung erstarrt, er hat Tauben gefüttert, und diese Tauben haben ihn, so wie er war, einfach zugegipst mit ihrem Kot, da steht er so weiß wie noch nie, mit einer futterauswerfenden Hand, und fragt sich vielleicht, wie es weitergeht, mit seiner Mütze und seinen Stiefeln und seinem Säbel an seiner

Seite und einem Fernrohr, das er ans Auge hält, und als ich mich jetzt in die Richtung drehe, in die er sieht, erkenne ich plötzlich den Güterbahnhof fauchend, und dampfend die Schlote der Brauerei, ich sehe die Malzfabrik Koksfabrik Keksfabrik, und das Wasserwerk rauschend, die Radrennbahn und das Schlachthofgelände, den pfeifenden Lokomotivschuppen und die Abdeckerei mit ihren Tierschreien, und den Campingplatz mit den plätschernden Stimmen am Ufer, und die Lagerbaracken, die Reifenberge am Rande, die Gasometer, die Schuppen die Schuppen und wirklich tatsächlich dort drüben am Ende der Straße erkenne ich jetzt die Post, fertig, Schluß, das genügt.

(...)

4

Von diesem Punkt aus, sagt Nobo, ist alles bequem zu erkennen. Hier, vom Fenster aus, besonders das Meer. Tatsächlich, ich sah jetzt das Meer. Palastartige Dampfer schwammen dahin.

Also das ist das Meer?
Ja das ist es.
Und das, was ist das?
Das ist auch das Meer.

Also das ist das Meer. Ich sah stundenlang hin, nichts war zu entdecken. Der Wind fuhr pfeifend um alle Klippen. Auf dieser roten, weitausgestreckten Landzunge stand auch ein Pfahl. Sehn Sie, ein Pfahl.

Kein Schrei, kein Fall war zu hören, nur ein ganz fernes Pfeifen. Nordöstlich ein Dampfer und im Westen ein Dampfer und tatsächlich Dampfer gemächlich von allen Seiten. Die Schiffe klebten am Wasser, sie zogen vorbei und verschwanden dann in der Ferne. Gelegentlich sanken sie oder sie kamen zurück.

Eine eigentümliche Stille fiel mir auf. Es klopfte. Ich glaube, ich rief: Herein. Es war Nobo, nur hatte er längst nicht mehr diesen Umfang, an den wir uns alle erinnern. Wir sprachen über die Eigentümlichkeiten des Wetters oder, besser, über seine, Nobos, Abhandlungen über die Eigentümlichkeiten des Wetters, nicht des richtigen Wetters, sondern des von Nobo gemessenen und beschriebenen Wetters. Nobo sprach von Sturmaussichten und Regenankündigungen: Diese außerordentlich hoch fliegenden Krähen seien Verkünder des schlechten Wetters, das sehr bald ausbrechen werde, auch das Hausgeflügel, das sich im Staub wälzt, und die Hunde, die Gras fressen, die Kröten, die hervorkommen aus ihren dunklen Unterschlupfen, selbstverständlich die pfeifenden Mäuse, ebenso wie die Maulwürfe, die die Erde hoch aufwerfen, und die Rinder, die sich die schleimigen Schnauzen belecken, die Schweine, die grunzend ihr Futter zerwühlen, die Unruhe unter den Vögeln und das Springen der Fische heraus aus dem Meer, und dann seine Schmerzen, vor allem jedoch seine Schmerzen am ganzen Körper. Etwas zerfrißt mich, verstehn Sie, von innen, sagt Nobo. Er spricht von den Krankheiten, die seinen Körper von innen her förmlich zerfressen, die man von außen nicht einmal sehen kann. Sehen Sie, etwa an dieser Stelle.

Tatsächlich kamen jetzt auch ein paar Tropfen herunter, die auf mein Fensterbrett klatschten. Ist das der Regen, von dem Sie gesprochen haben? Und Nobo sagte: Zerbrechen Sie sich nicht Ihren Kopf, machen Sie sich keine Gedanken darüber, verstehen Sie, keine Gedanken.

Ist das das Gewitter, von dem Sie gesprochen haben? Die Worte von Nobo kamen beim Rauschen des Regens wirklich aus weiter Ferne. Er sagte: Es läßt sich nicht immer entscheiden, um was es sich handelt, und schon gar nicht, mit welcher Art von Gewittern man es zu tun hat. Das Rauschen des Regens, gut, das ist gut, ich habe das Rauschen schon öfter gehört, es ist ein alltägliches Rauschen. Doch hätten Sie freilich das Rauschen vom 6. Dezember gehört, dann würden Sie anders über das Rauschen sprechen und anders über Gewitter. Das Rauschen vom 6. Dezember war ein außergewöhnliches Wintergewitterrauschen, ein ausgezeichnetes Wirbelgewitterrauschen in dieser Nacht vom 6. zum 7. Dezember. Es war ein partieller Ausdruck der gewaltigen Wirbelbewegung der Luft, die fast ganz Mitteleuropa, was sage ich, Nordeuropa und Osteuropa in Mitleidenschaft gezogen hat und natürlich auch Westeuropa. Und mitten in diesem Gewitter stand ich, Nobo, im Süden, besonders im Süden, in der Gegend von S, auf der Spitze des Berges, und zwar auf Zehenspitzen. In dieser Gegend sind Wintergewitter eigentlich selten, und noch viel seltener sind Wintergewitter hier, sie gehören hier zu den größten Neuigkeiten. Nobo behauptete zwar, daß Wintergewitter für ihn persönlich nichts Ungewöhnliches seien, auch Hagelfälle und Graupelfälle seien dermaßen häufig, daß es schon überraschend sei, wenn es einmal nicht hagelt oder nicht graupelt. Das Nachtgewitter also, zwischen dem 6. und 7. Dezember, sei, sagte Nobo, unter uns, aber wirklich nur unter uns, etwas so ganz und gar Selbstverständliches gewesen, daß er nicht einmal zum Fenster geschaut hätte, wenn nicht das Fenster auf einmal von Hagelkörnern in Stücke geschlagen worden wäre, und auch da habe er kaum zum Fenster geschaut, nur ganz kurz, weil in dieser Gegend ununterbrochen Fenster in Stücke gehen. Schließlich gab er mir zu verstehen, daß er mit Gewitterangelegenheiten nicht mehr behelligt werden möchte, auch nicht mit Rauschen, mit Regenrauschen, denn das Sprechen falle ihm schwer.

Ich hatte also ein Rauschen gehört, und dann hatte ich Hagel gesehen, der in haselnußgroßen oder hühnereigroßen Körnern auf den schmalen Platz in der schmalen Gegend fiel. Ich sah alles. Ich konnte auch Nobo sehen, aufgerichtet, in die Höhe deutend, mit den Worten: Das ist eine selbstverständliche und von mir erwartete, ja sogar vorausgesetzte Erscheinung. Das ist nichts Besonderes. Unbegreiflich allerdings sei ihm das vorangegangene Rauschen, damit, sagte er, habe er nichts zu tun.

Morgens also die daumennagelgroßen, vielmehr faustgroßen, keine Spur, kopfgroßen Hagelkörner und die durchnäßten Räume in den nördlichen Teilen der Stadt. Ziegelsteine und Glassplitter, mittags war es nicht besser, wie Streichholzschachteln knackend durch diese Luft platzend oh wirklich bis weit in den Abend hinein, Montag Dienstag und Mittwoch und knackend so weiter, wie die Sprecher alle erklärten im Radio, und ich konnte es sehen, ich sah, was sie sagten, am Donnerstag weiter wie Schachteln durch diese Luft und am Freitag so weiter hart knackend und platzend. Und ganze Häuser mit ihren Bewohnern ins Meer gespült, einfach ins Meer, und die Menschen die Berge hinaufgetrieben, die Berge stehen schon lange nicht mehr im Gebirge. Und Nobo beschränkt sich auf seine Schilderung aller Umstände, er nennt sie die Gründe für alles, die Gründe für alles, sagt Nobo, sind unter Umständen auch die Gründe für diesen plötzlichen Wandel, während der Regen herunterkommt und aufs Fensterbrett trommelt, und nun unterbrach diese Stille plötzlich ein eigentümliches Knistern, ein wirklich ganz kleines Knacken, so wie das Aufknicken eines Eis, eines Hühnereis, und im nächsten Moment lief alles davon. Ich konnte deutlich das Rauschen des Baches hören oder des Flusses, vielleicht auch des Meeres, des Ozeans, ja, das war es, das Rauschen des Ozeans.

Nobo tat so, als sehe er gar nichts.
Und hören Sie etwas?
Hören? Was gibts denn zu hören?

Ein Balkon knickt jetzt ab, mit dem Mann gegenüber. Er trägt schwarze Schuhe und schlägt mit dem Kopf hart im Hinterhof auf. Und was noch? Ein Gedränge von Menschen plötzlich, das wieder verschwindet. Und dort wirft der Mond, ah der Mond, der plötzlich zu sehn ist, sein Licht auf die ganze Umgebung, und in dieser Gegend, in diesem Mondschein, geht langsam ein Mann. Das Wasser fließt an dem schwarzen Mantel hinab auf die Straße.

Es wird immer kälter und kälter, bis es schließlich ganz kalt ist. Ein gefrorener Strumpf wird von der Wäscheleine gebrochen. Es knirscht, es ist Winter geworden. In den kleinen Mondnächten vor diesem Fenster ist der Mond wirklich weiß und ganz hart, und er tropft. Was? Er tropft. Ja, er tropft. Und in dieser Zeit wird der Mann vom Balkon völlig zugeschneit. Momentan steht der Mond auf dem Kopf, und die Kältetöne, das eisige Splittern hoch in der Luft, als würde der Himmel einfach zerrissen zerschlitzt und zertreten mit einem Tritt. Ich finde auch: Fußgänger rutschen und kippen, und Autos prallen zusammen, und viele brechen sich Arme und Beine, und Lastwagen stürzen hinab in die unbeschreibliche Tiefe. Mit beschneiten Kapuzen schleppen sich alle vorbei, sie sind derart erschöpft, daß sie alle nur kriechen können, doch auch kriechen können sie nicht. Die Vögel fielen wie Regen vom Himmel. Und Blechdosen rollten vorbei, und Papier sah ich wehen, es war alles wie sonst, die mit Schwung aneinanderprallenden Autos, wie sonst, die gebogenen Bäume, wie immer, und durch die Erschütterung hatte der Mond angefangen zu singen. Was hat er? Zu singen angefangen, zu singen. Dann sprang noch die Bahn aus den Schienen. Die Wagen krümmten sich lautlos hoch in der Luft. Etwas hatte den Zug aus den Schienen gerissen, die Wagen rutschten über die Kreuzung und rissen Furchen in den Asphalt, dann knallten sie gegen die Bordsteinkanten, der Zug kippte um und begrub alle Ampelmasten und Peitschenlampen und Straßengeländer und alle Frauen, sie schrien, sie flogen mit Wucht wie Geschosse durch alle Fenster und schlugen mit Schreien auf, auf dem Pflaster. Und die peitschenden Drähte, und sämtliche Vorhänge, die aus den Fenstern flattern, und das ganze niederprasselnde Leitungsgewirr, diese splitternden Schaufensterscheiben, und die Menschenteile unter den blutigen Sitzen, ich habe die Schreie noch nicht vergessen. Mit Wasserschläuchen wurde das Blut von der Straße gespritzt, und im Mondschein färbte sich alles rot, dieses Gras, ganz zerfetzt, oder war es der Schnee? Dieser ganze Schnee. Und jemand ging mit dem Streichholz herum, um etwas zu suchen, doch er konnte nichts finden, nur einen blutigen Schuh. Ich stand kalt am Fenster und sagte nicht viel. Später legte ich mich auf mein Bett und bestellte ein Bier.

Diese Menschen, die draußen vorüberflogen, ja. Und das schwächer werdende Rauschen der Wagen, na gut. Und das Klingeln des Telefons, plötzlich Hallo. Wer ist dort? Hier ist Schmädel, der Kellner. Also Schmädel: Ein Bier, sagte ich, aber rasch!

Ach, ich weiß nicht, was los ist. Früher war schon was los. Aber heute? Es ist nicht viel los. Zuweilen ein Windstoß zum Fenster herein, etwas dampft, etwas qualmt, ein paar Sachen schwirren davon, schnell weg in die Nacht. Und nicht weit von hier senkt sich das Land. Ach, es senkt sich doch nicht, sagte Nobo, das glaubt man doch nur, das sagt man nur so. Manchmal bebt auch die Erde, und dann sinkt ein Haus in den Sumpf. Oder manchmal ein Knall, irgendwas wird von oben bis unten zerknackt, aus den Wänden hängen die Kabel, die Rohre verknoten sich schon, und das Haus? Es rutscht fort in den rauchenden Fluß. Betten, Schränke treiben dahin oder Schüsseln.

Darauf habe ich lange gewartet, sagt Nobo. Den Kalk, der herab von der Decke fiel, erwähnte er nicht. Diese ganze Gegend war aufgeknickt und hinuntergefallen in eine andere Gegend. Die Stadt war geplatzt. Man sah erst den Wald sich langsam bewegen, dann stürzte der Wald in die Tiefe, der ganze Felskopf, der ganze Berg schwebte leicht durch die Luft. Ein Haus, ein gewöhnliches Haus, wurde hochgehoben und durch die Luft getragen, etwa sechshundert Meter weit, es blieb aber aufrecht stehen, die Bewohner erschienen in ihren Türen und waren verwundert über die Neuartigkeit der Umgebung. Und während sie mit schwarz dampfenden Pfeifen in ihre frühere Heimat deuten, alles verkratzt und verschlickt, alles fremd, alles leer, redet Nobo vom Karpfen, er redet von einem Fisch namens Karpfen, der unten im Schlamm alle anderen Fische an Klugheit weit übertrifft, er redet vom Wälzen im Schlamm und von einer mit großer Gescheitheit vollführten Zerstörung des Ufers, das viele Häuser zum Einsturz bringt, man hört ja das Krachen, und das ist der Karpfen, mit einem fleischigen Auswuchs am Kopf, man nennt ihn: das moos. Doch das Ganze ist längst nicht erwiesen, es steht noch nicht fest, es ist sogar möglich, daß reichlich gewöhnliche Gründe die Häuser einstürzen lassen und nicht diese Klugheit des Karpfens mit seinem Auswuchs am Kopf, den man das moos nennt. Bitte? Das moos.

Jetzt macht sich das Wasser bemerkbar, es fließt in die offenen Häuser hinein. Das Meer, ja, es rollt weich hinein, und die Menschen werden herausgewaschen aus ihren Betten, sie spritzen aus Fenstern und Türen heraus, und die Flutwelle wischt sie über die Treppen und saugt sie die Straße hinab bis zur Mole ins Meer. Und Riesenalgen verstopfen den Hafen, die Schiffe, sie brennen ganz plötzlich. Und Schneestürme pfeifen über die Berge. Was sagen Sie nun? Was sollte ich sagen. Zwei Häuser stürzen jetzt ein, und während die Stümpfe noch dampfen, klettern die Zettelankleber an diesen bröckelnden Wänden hinauf und bedecken sie mit Papier. Diese Plätze,

wo eben noch Häuser standen, sind plötzlich mit großen Plakaten
umgeben, mit ungeheuren Mündern, in denen die Zähne lückenlos
glänzen, mit lächelnden Zigaretten in einer ganz anderen Welt, mit
schimmernden Strümpfen und wundervoll zarten Häuten. Dabei ist
es gar nicht so einfach, ein langes feuchtes Papier hochzuheben und
in dieser Höhe, gut sichtbar für alle Spaziergänger, anzukleben,
glatt, ohne Beulen. Ich sehe die Zettelankleber mit spitzen Stöcken
nach oben steigen, und an ihren Spitzen sehe ich die in Leimeimer
getauchten tropfenden Bürsten. Und das alles geschieht zwischen
zwei drei vier Schlucken aus meinem Glas. Hier und da etwas einge-
stürzt und zusammengesunken, etwas fortgespült, etwas dampfend,
ganz stumm.

(...)

Es war eine lange Reise von einer Seite zur anderen Seite. Zum Beispiel versuchte ich, über die Brücke zu kommen, doch sie brach unter mir glatt zusammen, und ich fiel eine Weile hinab durch die
dünne Luft in die Tiefe. Nach außen blieb ich ganz ruhig. Ich pfiff so
im Fallen und steckte die Hände in meine Hosen. Ich sprang über
eine verbrannte Fläche und durch ein menschenleeres Gebiet, wo
man mir keine Fragen stellte, denn Fragen waren so selten wie Frösche, die es in dieser Gegend nicht gab. Der Boden war nirgends von
Menschenfüßen zertreten. Und Nobo ergriff meinen Arm, während
wir aus einem Wald heraustraten. Aus einem Wald? Ja, glauben Sie
mir, sagte Nobo, wir traten aus einem Wald heraus. Sie müssen sich
nur einen Wald vorstellen, und schon treten wir aus einem Wald
heraus. Die Sonne ist längst hinuntergesunken, die Straße ist voll
von freundlichen Menschen. Ein Bild folgt ganz schnell auf das

andre. Bemerken Sie, wie sich die Bilder gleichen? Welche Bilder, Mann, welche Bilder? Natürlich die Bilder, die wir hier sehen, alle Bilder, sämtliche Bilder, verstehen Sie mich? die Bilder der ganzen Welt hier an dieser Stelle des Waldes, aus dem wir heraustreten, sehn Sie, sie gleichen sich alle.

Und welches Waldes? Des Waldes, des Waldes. Dann kam eine Lichtung, oder vorher kam eine Lichtung. Und niemand öffnete jetzt ein Fenster, obwohl überall freundliche Leute standen, ganz alte Freunde, mit Flaschen oder mit was?

Also hoch auf den Berg, nur das Knacken im Innern des Berges und die kauende Tiefe zwischen den Füßen. Ich rief: Nichts mehr hören und sehen und verschwand in der Ferne, vom Wind fortgeblasen. Der Schnee war ganz weiß, und ich schleppte mich tagelang durch den Schnee, und dann sah ich das blutige Maul eines Hasen und die steife Haut eines Hundes, und die Bärte der Bäume sah ich, und in dieser Kälte sah ich zwei Menschen im Schnee. Eine Frau steht gebückt vor dem Mann und bläst in die blaugefrorenen Hände. Er hat ihren Rock hochgeschoben und drückt sich in sie hinein, und während er keucht und der Atem aus seinem Mund weht, bläst sie in ihre Hände und zittert, weil ihre Schlüpfer unter den Knien hängen, und sie reibt sich die Hände und preßt diese Hände schließlich unter die Achseln, und nun fällt auch langsam der Schnee durch das Bild, und alle Bewegungen frieren hinter dem Schneefall ein, sie knacken hinter dem Schnee, während ich weiterging durch die keuchende Nacht, durch die Sickergräben beim Einbruch der Dunkelheit, unter den Krümmungen dieses Himmels, eines dünnen splitternden

Himmels, eines plötzlich geplatzten zerrissenen Himmels, beim Herabfallen eines knisternden Regens, der alles mit einem Grind überzog, alles alles, mein Mantel war hart und knirschte bei jeder Bewegung, dann wurden Bewegungen gänzlich unmöglich, die Beine ließen sich nicht mehr knicken, und dabei mußte ich immer lächeln, ich konnte die Arme gar nicht mehr biegen, aber ich lächelte sozusagen, mein Hut war gefroren, ich konnte ihn nicht mehr vom Kopf heben, denn er war vollständig angefroren am Kopf, und ich lächelte immer noch, als oben am Hut meine Hand an der Krempe anfror, und nun lachte ich, glaube ich, doch die Ohren waren mir zugefroren, ich hörte kein Lachen, und unten war auch der Fluß zugefroren, ich rief, aber nun war natürlich mein Mund zugefroren, ich bekam keine Worte heraus.

Auf der anderen Seite, auf der jetzt der Sommer beginnt, ist Nobo zu sehen. Und hinter Nobo sind Berge zu sehen, die so groß sind, daß Nobo kaum noch zu sehen ist, und die Schluchten, in denen Nobo förmlich verschwindet, sind auch zu sehen. Doch das Bild gerät plötzlich ins Schwanken, das Fenster fliegt auf, und der Wind drückt die Stimme in meinen Mund zurück. Nun höre ich nichts, auch das Brausen des Windes nicht, ich höre auch meine Worte nicht, und wer weiß denn, ob das, was ich sage, der Wahrheit entspricht, *ich* weiß es nicht. Vielleicht sage ich: Sturm, vielleicht sage ich: Feuchtigkeit Leichtigkeit oder sage ich: Heftigkeit? Haben Sie keine anderen Worte? schreit Nobo, der drüben am anderen Ende des Tisches sitzt, hinter dem Bier. Ich rate Ihnen gefälligst, andere Worte zu haben, ich werde Ihnen das unter den Hut nageln, die Ruhe muß endlich verschwinden, und wenn Sie nicht wollen, dann werde ich Ihnen die anderen Worte aus Ihrem Mund rupfen. Ich hatte mich eingeknöpft und in meinen langen Mantel gerollt und verhielt mich ganz still, und alles mögliche ist über mich weggekrochen. Damals kam eine schwarze Feuchtigkeit und später im tauenden Schnee hörte ich einen Ton. Niemals hatte ich einen ähnlichen Ton gehört. Am Waldende begann es zu wehen, ich hatte so was noch niemals gesehen, ein Wehen und Wehen. Ich sah schwere Tropfen an allen Pflanzen hängen, im gleichen Moment brach ein Sturm los, der Himmel war schwarz, die ganze Luft dick, und der ganze Wald wurde zur Erde gedrückt. Ich sah die zerknickten Äste und die in die Luft spießenden Wurzeln, und der Regen fing an herabzufließen, ein ganz schwarzer Guß, ein gewaltiger Wassersturz, und die Bäume krachten hinein in die Büsche. In einer Mulde zwischen den Büschen hockte ein Mann, er war ganz erschrocken, als er das Brechen der Zweige bemerkte und rannte mit wehendem Hemd einfach davon in die Ferne hinein, wo auch nur Gebüsche waren. Ein dicker Nebel kroch über den ganzen Wald, doch es gab keinen Wald mehr. Vor dem Fenster sah ich jetzt nur das Gebirge.

Aber Nobo, der mit mir gegangen war, hörte gar nichts davon und sah nichts von der eigentümlichen Stimmung zwischen den Büschen und von den Bewegungen zwischen den Büschen, nichts, er sah gar nichts. Was ist denn zu sehen? Ich sehe gar nichts, ich sehe nur Büsche und Büsche, und nichts von den Nacktheiten und Gespreiztheiten, von denen Sie sprechen, ich höre auch nichts außer dem Rauschen der Büsche, auch nicht die Schreie die Schreie die Schreie, die aus den Büschen herauskommen, die höre ich nicht, diese Frauenschreie, ich höre kein Rascheln dort in den Büschen und auch kein stoßendes Keuchen mit etwas nackt Feuchtem aufklaffend weich in-einander hart ineinander, nein, es ist nichts in den Büschen. Und die nassen zerquetschten Blätter in ihrer Wäsche und unter dem Rock in den Hosen, sehen Sie die?

Hier fuhr Nobo, mit dem ich gegangen war, plötzlich herum und sah mir erstaunt ins Gesicht. Woher wissen Sie das? Dann sah er zum Fenster hinaus und sah etwas zwischen den Büschen nackt in-einanderverklammert, hochgezogen und hochgeschoben mit nas-sem zerquetschtem Laub. Meinen Sie *das*? Ach, *das* meinen Sie, ja, das sehe ich auch. Ich rannte also mit einem Sprung durch die Tür, die Treppe hinab durch den Garten ins Freie, plötzlich ging ich über geländerlose Brücken, unter mir kochte der Fluß, ich sprang durch verschüttete Gegenden und durch die von Windhosen zerschmet-terten Städte. Alles war fortgespült, alles von Überschwemmungen ertränkt, alles knackte und barst. Ich war fortgesprungen und durch den Hausflur gesprungen, ich hatte das Zimmer verlassen, *nein,* ich wollte das nicht mehr hören, ich wollte auch nichts mehr sehen, ich sah nur den schmelzenden Schnee auf den Schuhspitzen, ich saß lautlos auf meinem Stuhl und preßte die Hände zusammen, diese Sache ging mich nichts an. Doch natürlich hing alles jetzt von den Umständen ab, von den Umständen? Ja, und von Umständen will ich nicht reden. Ich ging also los und kam in den Wald und aus die-sem Wald kam ich in einen anderen Wald und dann kam schon der nächste Wald, und Nobo machte gar keinen Unterschied zwischen den Wäldern, immer fand er das gleiche, er fand immer die unge-heure Stille der Wälder, und er sagte, wir müssen weiter hinein in die Wälder, und so drangen wir weiter hinein, nichts zu sehen, nichts zu hören, kleine Abschweifungen, aber sonst nichts. In den nächsten Tagen fiel gar nichts vor, was sich hätte aufschreiben lassen, eine furchtbare Zeit.

Habe ich gesagt, daß ich gehen werde? Habe ich das gesagt? Hiermit sage ich es. Ich nahm meine Hand von dem Tisch, wo sie lag, und ging fort. Wohin? Dahin. Dorthin. Durch eine bleiche Ebene. In eine andere Gegend. Und mit diesen Worten sank ich in meinen Sessel hinein im Hotel und ergab mich dem Trunk. Ich sah Männer dort in der Ebene, die im Vorübergehen rasch die Zigarren aus ihrem Mund nahmen oder die hinter diesen Zigarren hervorriefen. Ich litt offenbar unter der großen Hitze, denn ich wischte mir oft den Schweiß von der Stirn. So ist das also, dachte ich, aber ich sagte es nicht. Ich sprang fort, in die Fremde hinein. Das war alles, was mir jetzt einfiel, am Ufer entlang, am Geräusch eines Lachens vorbei. Ich machte mir meine Gedanken. Ich dachte: Dort ist eine Landschaft, in der Menschen liegen, über die ich hinwegsteige, hinunter in eine andere Landschaft. Ich war ziemlich ruhig und klopfte mir meine Hosen ab. Ich riß etwas aus der Tiefe der Tasche und warf es fort. Es war dunkler geworden. Ich ging, ohne etwas andres bemerkt zu haben als diese Dunkelheit, in eine noch größere Dunkelheit hinein. Von einer bedeutsamen Sache war nirgends ein Zeichen vorhanden. Man zeigte mir freilich ein Loch in der Mauer, und zwar mit dem Hinweis, den Kopf durch das Loch zu stecken, einfach den Kopf, durch das Loch. Eben bin ich auf einer Ebene gegangen, aber nun zerreißt diese Ebene, sie spaltet sich auf, also bin ich auf einem Hohlraum gegangen, und ich sehe jetzt den Kanal, von dem Nobo die ganze Zeit gesprochen hat, denn er hat von nichts anderem ge-

sprochen als von einem Kanal, von den Schaumgrinden, Pappflok-
ken, Kotbrocken, die auf dem schwarzen Wasser hineinfließen in
dieses Loch, das ich sah. Später schloß ich mich einer Gesellschaft
von Reisenden an und reiste dahin, wie das eben so ist. Und als ich
zurückkam, war alles immer noch so, wie es war. Es hatte sich gar
nichts verändert, nicht einmal ich.

Fünf Wochen blieb ich auf diesem wellenförmigen Land. Die Schaf-
zucht war sehr bedeutend. Ein Gasthaus lag in der Ferne, ich lief ein
paar Tage, und als ich hineinkam, sah ich den Wirt wie ausgestopft
hinter der Theke sitzen, die Flaschen waren fast leer. Alles ausgetrunken, sagte der Wirt, es war Lemm. Am liebsten würde ich alles
hinschmeißen und nach Amerika gehen, sagte Lemm. In einem
Dorf, in dem ich haltmachte, hörte ich Grammophone spielen und
erreichte das Wirtshaus, wo der Wirt aufgebläht hinter der Theke
lag. Die Hitze floß über die Tische. Die Bierhähne tropften. Etwas
zu trinken! schrie ich, ich schrie: Bin ich in einer Wirtschaft? Aber
ich war nicht in einer Wirtschaft. Kein Wirt war zu sehen, wahrscheinlich lag er hinter der Theke, aufgedunsen und schlaff. Es gibt
nichts zu trinken, sagte der Wirt, es hilft nichts, ich kann nicht mehr
stehen, also bleibe ich liegen. Die Nächte schwarz schwarz, und als
ich nach einigen Wochen die Landenge von Panama durchreiste,
tauchte auch die Erinnerung an diese Sache auf. Ein dickes Stück
Pappe, hinter dem der Wirt lag und schrie. Man sieht nichts! schrie
dieser Wirt. Er lag und er schluckte alles, was in der Nähe stand, und
er schrie: Hier ist gar nichts zu sehen. Zum Schluß stieg ich noch
in die große Ebene hinab, wo die Fliegen saßen, bewegungslos in
Klumpen zusammengedrängt auf den Wunden, kalte Fliegen mit

schwachen Bewegungen auf den Falten der Landschaft, mehr nicht, und die Haut dieser Landschaft war aufgesprungen, wie aufgepeitscht, blutig quoll etwas heraus, schlammig, und durch diese klare kalte Luft flogen Fleischstücke, und der Rücken der Landschaft war ein ganz blutiger Matsch, auf dem diese Fliegen saßen und saugten und ihre Eier hineinlegten und sich hineinwühlten zwischen die Fasern der Landschaft. Aus der Ferne schlich hinkend Nobo heran, losgebunden mit kahlem Kopf, er rief, sein Kopf sei zerplatzt von den Tropfen, sein Kopf sei auseinandergetropft, er aß das, was da lag, roh und ungekocht schlang er alles hinab, aus Hunger, wie er behauptet, aus großem kaltem alles aufreißendem Hunger, aus einem müden blinden Hunger aß er das, was da lag. Und wirklich, er schlang alles hinab, die Fliegen krochen über das ganze Gesicht, und er verscheuchte sie nicht.

Ich beschloß also jetzt, meinen Plan auszuführen, doch ich wußte nicht mehr, was mein Plan war, ich hatte ihn ganz vergessen, und als es zu schneien begann, da wurde alles sehr weich und sehr hart, und ich hörte nichts als das Fallen des Schnees. Ich sagte nicht viel dazu. Ich war zwar nicht stumm, doch in diesem Moment war es besser, den Stummen zu spielen. Ich fühlte, wie etwas in meinen Rücken eindrang, doch es war keine Zeit, über die Sache nachzudenken. Ich ging viel umher und rauchte und musterte diesen Mann, der sich mir angeschlossen hatte. Es mag sein, daß es nicht Nobo war, das ist möglich. Vielleicht war er es aber doch. Zerbrechen Sie sich nicht den Kopf, sagte Nobo, machen Sie sich keine Gedanken. Kurze Zeit später stand ich dann bis zum Gürtel im Wasser und verzehrte drei Raben roh, im Winter, drei gefrorene Raben.

Die Pferde essen sich selber auf, sagte Nobo, aber das sagt er nur so, ich habe es nicht gesehen, ich habe nur Tiere gesehen, die ihre Köpfe schreiend am Boden rieben, fette wohlschmeckende Tiere. Und ich sagte: Hier liegen ja überall Tiere. Und plötzlich fühlte ich auch dieses kleine Wimmeln am Körper, dieses Wimmeln, das in den Hosenbeinen heraufkroch und sich blitzschnell über den ganzen Körper ausbreitete, dieses Wimmeln von roten Ameisen. Und ich höre die kleinen Stechmücken, die ankommen und plötzlich auf uns sitzen, bis die Schwellungen groß wie Brotlaibe aus uns herauswachsen. Und kurze Zeit später fielen wir Buschflöhen und Landblutegeln zum Opfer und den wolkenartigen Insektenschwärmen, so dick wie Bienen, oder wie Fliegenschwärme so dick, meine Damen und Herren, und dann sage ich: Diese Tiere, die Sie hier vor sich sehen, sind fruchtfressende Tiere, es besteht also kein Anlaß, davonzulaufen. Da nun aber die Leute dennoch davonlaufen, bin ich plötzlich allein mit den fruchtfressenden Tieren, die längst, weil sie alle Früchte der Gegend gefressen haben, fleischfressende Tiere geworden sind, und zwar menschenfleischfressende Tiere. Darum ist es kein Wunder, daß ich nun auch davonlaufe, aber das nutzt nichts, das nutzt nichts, Zecken Zecken wie Zangen und Vögel mit vollständig zerdrückten Flügeln und blutigen Schnäbeln. Und die Mäuler der anderen Tiere, die sich drehen und niederfallen, diese schwammigen Körper, knochenlos und von Pflanzen dicht überwachsen, noch atmend und noch ein Stück kriechend und schon überwachsen von Pflanzen, mit dem matten Anheben der Glieder, ganz matt vor dem Tod. Und schon kommen die Fliegen und legen die Eier in die Gelenke, und die Vögel kommen und sind bei allen Bewegungen stumm stumm stumm stumm, und der Speichel tropft auf den Boden von den heraushängenden Zungen und der Schaum vor den Schnauzen und der schwankende Gang bei den Tieren, die müde an mir vorbeiwandern, später auch Blut.

Hab ich Ihnen gesagt, daß ich fortgehen werde? Ja, das hab ich gesagt. Ich bin ziemlich schnell fortgegangen, draußen war nicht viel los, diese Welt war mit Brettern vernagelt, ab und zu mal ein Bier in der *Gondel*, alles kroch durcheinander, und die Schlangen zogen sich langsam wie Strümpfe über die ganzen Dinge, gemächlich wie Strümpfe, so verging diese Nacht, sieben acht Bier, oder neun. Dann sah ich Hunde, aber was über Hunde gesagt werden kann, ist längst gesagt worden. Und dann sah ich andere Tiere: Tapir und Soko, Tafa und Tatu, Tur Wara Zebu, Sassa und Schilu, Quagga Okapi, Munk Mink Menk Moko, Manul Mus Maral, Mongoz und Lama, Kudu Bilch Bongo, Bonto und Wombat, Kuskus Lapunder, Hund undsoweiter, Tiere, die sich zu drehen beginnen und mitten im Drehen umfallen und zuckend am Boden liegen mit Schleim und mit Schaum, wie gesagt. Oder Tiere fauchend in Rohrdickichten, die in die Schnauzen der Alligatoren kriechen und durch die Schnauzen hinein in den Rachen und durch den Schlund in den Leib hinein bis zum Herzen, das sie zerbeißen. Alle Alligatoren bäumen sich auf mit offenen Schnauzen, sie brüllen und krümmen sich weit heraus aus den schwarzen Sümpfen, und später schwimmen sie auf dem Rücken mit bleichen Bäuchen davon.

So war ich herumgekommen, im *Ross* und im *Lamm* und beim *Roten Franz*, und weil es nun Zeit war, das Land zu verlassen, beschloß ich, nach Hause zu gehen. Ich stieg auf ein kleines Dampfschiff, und drüben am anderen Ufer stieg ich in einen Zug und durchfuhr mit ihm pfeifend die ganze Landschaft und war in ganz kurzer Zeit, nach einem Blick aus dem Fenster, schon fast am Ende dieses Kapitels. Und allen, die hier erst zu lesen beginnen, an dieser Stelle, kann ich nur sagen: Ich bin weit herumgekommen in dieser Welt, zu sehen war nichts, zu hören war auch nicht sehr viel, vielleicht ein paar Worte, vielleicht nicht mal das. Fünfzehn Bier, ungefähr, wenn ich alles zusammenfasse, ich wollte dann noch in den *Stern*, doch die hatten schon zu. Die Musik war sehr schön, sie war wirklich sehr schön. Ich hoffe, Sie sind zufrieden damit, ich weiß nicht, was ich noch sagen soll. Ich wollte etwas ganz anderes sagen. Vielleicht noch ein Bier im *Ballon* und der Fall ist vorbei.

I Leichen, gefrorene. An gefrorenen Leichen war man imstande, Studien zu machen, indem man sie von vorn nach hinten durchsägte und dadurch bleibende Bilder erhielt, die uns mehr sagen, als es die geistreichsten Vorträge vermögen.

I Lügen. Ein Mann sitzt am Tisch und zeigt Ihnen seine Gefühle. Passen sie nicht zu den gesprochenen Worten, dann handelt es sich um einen Lügner. Es gehe ihm gut, sagt der Mann. Seine Zähne knirschen. Das Gesicht verzerrt sich. In seiner Hand zerbricht die Zigarre. Es gehe ihm gut, sagt der Mann. Alles Lügen. Er schmettert den Teller zu Boden, behauptet aber, daß es ihm gutgehe, daß er sich wohl fühle. Er lügt. Fassen wir also zusammen: Ein Lügner nickt andeutungsweise mit dem Kopf, während er *Nein* sagt. Leider denken ja in diesem Fall nicht alle Forscher wie ich.

Meereslust. Den Anteil der Erdoberfläche, der nicht aus festen Körpern besteht, diese ungeheure Ansammlung von Flüssigkeit also, die das Land, das wie ein riesiger Haufen Fleisch vor uns liegt, von allen Seiten umspült, in das Fleisch eindringt, es auf verschiedene Weise beleckt und befeuchtet, es ausfrißt und langsam verzehrt, nennen wir *das Meer*. Das Meer ist das Bewegliche, das Schaukelnde, das an dem starren Teil des Planeten Nagende. Das Land setzt diesem allseitigen Andringen nur geringen Widerstand entgegen. Man könnte sagen, daß es das Benagen gutmütig oder sogar lustvoll erträgt. Und dieses Ertragen wollen wir hier *die Meereslust* nennen.

Mischlinge. Solche Personen, die zuweilen den Eindruck machen, als wären sie Mischlinge von Europäern und dunkel gefärbten Menschen, finden sich nach mehreren exakten Berichten fast überall. Es handelt sich da um weiße Neger oder Kakerlaken; die Haare sind etwas gelblich gefärbt, die Augen rot, mit roten Pupillen; ein mehr oder weniger europäisches bleichhäutiges wie mehliges Aussehen fällt auf. Man will auch eine gewisse Schwäche bei der Behaarung bemerkt haben, eine spärliche Bewachsung. Bei den gefleckten Negern wird die Haut als ganz unregelmäßig schwarz und weiß gefleckt beschrieben. Manchmal seien die Flecken so klein, sagt Nachtigal, ich glaube Nachtigal, daß die Haut wie mit Kalk bespritzt erscheine. Conze bestreitet das.

Mond. Etwas, das frei in der Luft schwebt und sich dreht, ohne daß es auf irgendeiner Unterlage aufliegt und ohne daß es herunterfällt, ist gewiß etwas Merkwürdiges. Etwas, das von selbst seinen geheimnisvollen Umlauf beginnt und fortsetzt, rund und bleich wie der Mond, ist etwas Bemerkenswertes. Wir erwarten ein Murmeln des Erstaunens über die Lautlosigkeit dieses Vorgangs, der dem Zuschauer nicht nur geheimnisvoll, sondern eigentlich unheimlich erscheinen müßte; dennoch wird er gar nicht beachtet. Diese ganz außerordentliche Vorrichtung schwebt über uns dahin, dünn und flach, und wir halten sie für eine der selbstverständlichsten Erscheinungen der Welt, die nicht besonders hervorgehoben zu werden braucht. Wir tun es hier aber dennoch. Wir loben den Mond, der uns mit riesiger Geschwindigkeit umschwirrt.

I Neues. Gelegentlich stellt sich das Bedürfnis ein, Neues zu sehen oder zu hören; man wähle womöglich ein ruhiges Zimmer, halte Aufregungen und Sorgen fern, lasse keine Besuche zu und schließe die Fenster so fest wie möglich. Alles ist aus dem Zimmer zu entfernen, den Rest bedecke man gänzlich aber nicht allzu warm. Man vermeide auch eine Überfüllung des Magens. Nun befindet man sich in weichen zarten Polstern, vor jeder Berührung sicher geschützt. Wenn man nun auf einmal von rauhen Händen angefaßt, in grobe Tücher gepackt und auf eine harte Unterlage geworfen wird, merkt man schnell: auch das Zarteste und Weichste ist rauh und kratzend auf unserer höckerigen Erde. Wir dürfen jedoch nicht vergessen, daß.

I Nichts. Nichts ist das Gegenteil von Etwas. So wie das Loch das Gegenteil von etwas anderem ist, das wir jetzt nicht beschreiben müssen. Nichts ist das Loch in den Worten. Öffnen Sie den Mund so weit wie möglich, vergessen Sie nicht, sich Mühe zu geben, ihn ganz aufzumachen, und nun sagen Sie NICHTS.

Auf und davon (1977)
Eine längere Reise

Bix Beiderbecke gewidmet

1

Eigentlich wollte ich mit der Beschreibung eines Gewitters beginnen, doch es gab kein Gewitter, das Gewitter war fortgezogen, an
eine ganz andere Stelle, ich konnte es nicht beschreiben. Wieder war
das Ende des Sommers gekommen, oder das Ende des Winters. Passiert war nicht viel, im Gegenteil, es war ziemlich wenig passiert. Ich
bin in ein Gasthaus gegangen und habe mich hingesetzt, aber kaum
hat der Kellner das Gulasch gebracht, schon fällt mir seine Ähnlichkeit mit Capone auf und weil er sofort das Lokal verläßt, bin ich
ganz sicher, daß es Capone ist. Ich lasse das Gulasch stehen und
folge ihm rasch. Er läuft mit großer Geschwindigkeit schwarz
hutlos über das Brauereigelände, von dort ohne Zwischenfall durch
die Malzfabrik, Koksfabrik, Keksfabrik und über die Eisenbahn-
brücke, über das Röcheln der Lokomotiven hinweg. Es würde zu
weit führen, über die Einzelheiten zu sprechen, zum Beispiel über
das Aufsetzen seiner Füße beim Laufen; theoretisch ist es zwar richtig, daß das Aufsetzen der ganzen Sohle die Sicherheit beim Da-
hinlaufen unterstützt; Al Capone jedoch geht es mehr um Geschwindigkeit als um Sicherheit, er springt durch die Bahnhofshalle,
zusammen mit allen ernst aus der Fremde ankommenden Reisenden
wird er hinausgetrieben ins Freie, von dort schlägt er ohne zu
zögern den Weg in die Richtung der Gasanstalt ein, er springt durch
das Schlachthofgelände, das Blut ist verschwunden und abgespritzt
von den Kacheln, und weil Al Capones Singen bekannt ist, hört man

ihn singen. Es gibt viele Gründe, hier aufzuhören. Capone, der etwas zu fett ist für diesen Fall, bleibt plötzlich stecken. Das Folgende kann man sich sparen. Capone sagt, als er das Bier bringt, er sei nicht Capone. Das macht nichts. Das finde ich ganz natürlich. Ich trinke es aus und bin schon in einer anderen Gegend.

2

Später zog ich mich eine Weile zurück, um über den Vorfall nachzudenken. Damals saß ich auf einem kleinen schwenkbaren Stuhl und war mit der Niederschrift alter Erfahrungen beschäftigt. Als ich alles notiert hatte, begann ich, mit Hilfe einer mechanischen Vorrichtung, die ich hier nicht beschreiben will, einen Apparat in Bewegung zu setzen, und zwar so, daß er anfing, sich langsam zu drehen, das war mein Gedanke: das Drehen. Ich hatte also ein Drehwerk erfunden, aber nicht nur ein Drehwerk, auch ein Erheiterungswerk und Zerstreuungswerk. Zwischendurch fand ich Zeit, auf die Berge zu steigen, auf dem Kniebis schoß man aus zwei Revolvern zugleich auf mich, ohne zu treffen, auf dem Schreckhorn nahm ich an einer Tafelgesellschaft teil, zu der auch Capone gehörte, mit seinem bekannten Hut. Es gab Froschkeulen und Schnepfenbrüste, die Champagnerflaschen wurden mit den Hälsen nach unten geöffnet, bis plötzlich ein Sturm aufkam und die Klappstühle, Picknickkörbe, Bestecke und Gläser davonblies, zusammen mit Austernragout und Trüffelmus. Ich aber hüllte mich einfach in meinen Wettermantel, rutschte über die Gletscher hinab in die Tiefe und verschwand eine Zeit aus der Gegend. Ich nahm meine Reisemütze und ging hinaus in den Schnee. Wohin gehen Sie denn? fragte man. Doch ich sagte nicht viel und ging fort. Um mich herum fiel der Schnee auf den Boden, ich sah den Wald und die Felsen hinter dem Wald, ich sprang über Löcher, mit dunklem Wasser gefüllt, und verschwand in der Ferne, man sah mich nicht mehr. Als ich wieder erschien, war es Sommer geworden. Ich hatte auf meiner Reise verdorrte Knollen gesehen an abgestorbenen Bäumen auf einem ganz trockenen aufgerissenen Boden, und Haare krochen in dieser Gegend, von der ich spreche, von unten herauf und umwickelten alles, was nicht davonlief, es war eine bärtige Welt, der Wind war nicht stark, er blies nicht, es gab überhaupt keinen Wind, und in dieser Windlosigkeit schlichen die Mörderschlingerbäume sich sanft heran an die Palmen, umschlangen sie saugend und tranken sie aus. Ich reiste umher, durch ein vollständig unbewohntes Land, und der Mann, der dort plötzlich erschien, direkt aus der Dunkelheit herausgeschnitten, war Al Capone, mit seinem gestreiften Anzug. Wie gehts? rief Capone, ich fand, er sah bleich aus, ganz blaß oder wie man das nennt. Vielleicht sagt er etwas, er öffnet den Mund, zu hören war gar nichts beim Brausen des Meeres. Und als ich weiter hineinging in dieses Land, sah ich die dunklen Körper von Tieren, breitgedrückt auf dem Boden und ausgelaufen, nein, ich sah nur die nassen blutigen Flecke, die Abdrücke auf der Erde, denn alles war fortgefressen von anderen Tieren, die triefend ins Dickicht krochen. Ich hörte ein nächtliches Schmatzen, während ich ging, nach Westen, um dort mein Glück zu machen.

3

Natürlich konnte ich draußen die Schornsteine sehen und das grau überstaubte Zementwerk, regungslos fensterlos, als ich mein Gulasch aß. Und als sich der Nebel verzog, sah ich etwas wie einen offenen Hof, ich sah einen Mann mit einem fliegenden Mantel, und eine Frau begann sich nach hinten zu beugen, mit flatternden Haaren und einem seidig nach oben wehenden Rock. Capone fand nichts dabei, das sei ganz alltäglich, das sei eben so. Er brachte mir noch das Kompott und stand dann, die Arme verschränkt, am Büfett.

Plötzlich tauchten drei Männer auf, die den Hut aufbehielten; ich erkannte sofort Jim Colosimo, er hatte wie immer John Torrio dabei, der wiederum Frankie Yale mitbrachte. Und immer mehr Männer erschienen mit tief in den Taschen vergrabenen Händen; das waren Bugs Moran und Hymie Weiss, Schemer Drucci nicht zu vergessen und natürlich Dutch Schultz, und schließlich kam noch Frank Lake aus dem Westen, der eine Rechnung offen hatte mit Al Capone.

Ab und zu schloß und spreizte Capone die Hände, und noch heute verblüfft mich die Kaltblütigkeit, mit der er in seine Brusttasche griff, die Lautlosigkeit, mit der er etwas herauszog, das aussah wie ein Zigarrenetui, und die Selbstverständlichkeit, mit der es Capone für ein Zigarrenetui hielt und mit großer Geschicklichkeit aufklappte. Mich erstaunte die Fähigkeit, mit der er, als sei nichts dabei, eine Zigarre herausnahm und sie auf ihre Verwendbarkeit hin untersuchte, auf ihre Brauchbarkeit oder Rauchbarkeit. Mich verwirrte die Zärtlichkeit, mit der er sie ansah, und die Gründlichkeit, mit der er die Festigkeit prüfte. Mich erschreckte die Grausamkeit, mit der er ein Stück von ihr abbiß, nur eine Kleinigkeit, und die Fertigkeit, mit der er sie ansteckte, und sie, ohne Ängstlichkeit, in den Mund schob, als wäre das eine Leichtigkeit. Mich entzückte die Furchtlosigkeit, mit der er den Rauch herausblies, und die Planmäßigkeit, mit der er das tat, ich begriff auch die Heftigkeit, mit der er die Asche abklopfte, die Nützlichkeit und die Feierlichkeit dieses Klopfens. Mich verführte die Wortlosigkeit, mit der das geschah, und die Sprachlosigkeit, denn alles geschah ohne Worte; über die Flüchtigkeit des Dampfes zum Beispiel, über Verträglichkeit oder Vergänglichkeit der Zigarre wurde kein Wort gesprochen. Und in dieser gefährlichen Schweigsamkeit enttäuschte mich nur die Geschwindigkeit, mit der die Zigarre verschwand, diese Unvermeidlichkeit des Verschwindens, die Vergänglichkeit der Zigarre im allgemeinen, und die Ratlosigkeit in Capones Gesicht beim Ausdrücken, die Vergeblichkeit, diese Zwecklosigkeit, die Entsetzlichkeit dieses Ausdrückens, diese gänzliche Nutzlosigkeit beim Zertreten am Boden und diese Endgültigkeit, mit der Capone die Hände spreizte und schloß, Capone, ein Mann, der sich nicht überraschen läßt, auch nicht von der Ereignislosigkeit dieses Abschnitts.

Was mir auffiel an diesem Tag, war die Bleichheit der Männer, die an der Theke standen, mit ihren angewachsenen Hüten. Ich sah Bugs Morans Zerstreutheit, Lombardos Verlegenheit, Cosmanos Befangenheit und Frankie Yales Stummheit; ich sah die Erschrockenheit von Colosimo, Drucci und Schultz, in dieser schreilosen schußlosen Ruhe. Und als jetzt O'Banion erschien aus dem Norden, und Spike O'Donell direkt aus dem Süden, da hielt es Frank Lake nicht mehr aus; er packte den Ventilator, er rupfte ihn einfach vom Tisch und kühlte sich seinen Hals, bei hundert Grad Fahrenheit. Sein Kragen war naß, alles troff, und es war nichts zu hören, kein Schuß und kein Schrei, nur das Picken der Gabeln, das Tropfen des Bierhahns, mehr nicht, nur das Spülen der Gläser in dieser Verlorenheit. Und zu sehen war auch nicht sehr viel; plötzlich rissen sie alle die Hände heraus aus den Taschen und bedeckten damit die Vergangenheit.

Was nun kommt, ist schwer zu entscheiden. Eigentlich wollte ich ein Gewitter beschreiben, aber ich weiß nicht genug von Gewittern, ich weiß überhaupt nichts Genaues, ich verlasse mich ganz auf das, was ich höre, und weil ich nichts höre, verlasse ich mich auf nichts.

Der Regen floß jetzt von oben herab, als ich aus dieser Szene verschwand. Ich kam durch ein dürres waldloses Land und fand trockene Häute, faltig zusammengeschrumpft, und während ich so dahinging, zerfielen sie unter den Schuhen, nein, es war gar nicht so, denn als ich die Häute ins Wasser warf, schwollen sie an, sie saugten sich voll und wurden ganz fett und ganz glatt, die Augen öffneten sich und glotzten mich an, und bevor ich verschwunden war, sah ich sie aufeinanderhocken und zappeln und zappeln, sie zappelten wirklich, und als ich zurückkam, zappelten sie noch immer. Die Berge spießten heraus aus der Ferne. Was sehen Sie? fragte Capone. Sehen Sie was? Nein nein, ich sah nichts, nur eine polarähnliche Starrheit, knarrend. Ich sah den Schnee hart herabfallen, vielleicht sollte ich auch das Knistern am Himmel erwähnen, und etwas splitterte gläsern herab aus der Luft; so ist das im Norden. Am Abend war ich in meinen Schlafsack gekrochen, und in der Nacht hat der Wind das Wasser über das Ufer geblasen. Als ich erwachte, konnte ich nichts mehr bewegen; ich versuchte, die Arme zu heben, es ging nicht, ich lag in einer gefrorenen Welt und jede Bewegung war ausgeschlossen. Doch später packte mich wieder die Reiselust, ich verschwand und schon war ich nicht mehr zu sehen. Ich machte mir die gepolsterten Vorteile der Eisenbahn zunutze und fuhr ohne Worte davon.

Der Mann in meinem Abteil ließ eine Zigarre im Mund herumwandern und deutete auf die vorüberziehende Landschaft. Frühere Reisende, sagte Capone, haben ganz unvorstellbar gelogen, bemerken Sie das? Und alles, was wir da sehen, sind die Ergebnisse ihrer Landschaftsverleumdungen, die Folgen ihrer entsetzlichen Weltverfälschungen und ihrer botanischen Falschberichte. Es mag vielleicht schwer sein, sich an die Wahrheit zu halten, zumal sie hier nicht zu erkennen ist; das, was Sie sehen, das ist nicht die Wahrheit, Sie glauben, Sie sehen die Wüste; das ist eine landläufig hübsche, aber völlig verdorbene Meinung: die Wüste die Wüste. Man hat zwar die Vorstellung von einer Wüste, das schon, doch ist die Bezeichnung Wüste hier nicht nur falsch, sie ist schlechthin unglaublich, eine riesige Wortverwirrung, ein gewaltiger Mißbrauch der Sprache. Das ist keine Wüste, mein Herr, das ist allenfalls ein ganz pflanzenloses Gebiet von enormer Ausdehnung, und vorwiegend Sand, und sonst nichts.

Die Wälder versanken langsam, der Zug fuhr die ganze Nacht schaukelnd, wohin er fuhr, wußte ich nicht. Der Regen fiel plötzlich da, wo er gar nicht gebraucht wird, oder plötzlich fiel Schnee, und plötzlich fiel gar nichts, und dann fiel alles auf einmal. Wir flogen durch kleine Bahnhöfe. Einmal sah ich einen sehr dicken Menschen mit einem Revolver, hutlos, im Mittelpunkt einer Handlung. Und als die Erscheinung vorbei war, hatte ich eigentlich gar nichts gesehen, nur diesen Mann. Die Nacht verging schnell, schon sah ich im nächsten Bahnhof zwei Männer, und immer mehr Männer an allen Bahnhöfen, drei, vier, fünf Männer. Gelegentlich hörte ich Schüsse, ich zog meine Schultern hoch, um zu zeigen, wie gleichgültig mir das war. Eines Tages packte ich meinen Hut und verschwand im Gewühl. Capone folgte mir eine Weile, doch wir hatten uns nichts mehr zu sagen. Die Menschen, die mir entgegenkamen, bliesen Rauch in die Luft und erkannten mich nicht. Ich ging durch das Schlachthofgelände, der Nebel begann leicht zu sinken, ein Gewitter blieb aus, ein Gewitter kam gar nicht in Frage. Mein kleiner Rundgang war schon zu Ende, und abgesehen von diesen Kleinigkeiten war nichts passiert.

4

Eine Weile saß ich zu Hause, um über die Sache nachzudenken. Ich schrieb alles auf, was mir einfiel, und beschleunigte die Fortschritte der Naturwissenschaft und der Technik, die unserem Zeitalter seine besondere Eigenart verleihen. Ich entdeckte die Teilbarkeit und andere schöne Dinge. Meine Hände leisteten Außerordentliches, mein Verstand machte die gewaltigsten Sprünge, die Geschwindigkeit meiner Füße war unübertroffen, von meinen Fäusten will ich gar nicht erst reden: ich hatte Jack Dempsey zerbrochen und Tunney förmlich in Stücke geschlagen. Damals war ich auch hochmusikalisch. Alles flog mir geradezu zu; zum Beispiel erfand ich etwas, das nach Belieben geöffnet und wieder geschlossen wurde und mit größter Wahrscheinlichkeit ein Gerät war, mit einem Schraubengewinde zum Drehen, das ist nur ein Beispiel. Und weil ich den leeren Raum nicht ertrug, erfand ich einige Dinge, um diesen Raum auszufüllen, spielend, mit größter Leichtigkeit. Ich vergesse auch nicht die Luft, die ich durch etwas hindurchblies, wodurch ein sehr schöner Ton entstand, eine Folge von schönen Tönen, die man Trompetenspiel nannte. Und das langsame Drücken und Streichen war eine Entdeckung von mir, das langsame Drücken und Streichen und natürlich das dadurch erzeugte Keuchen und Stöhnen. Doch die Hauptsache kommt noch: ich drehte die Hähne auf und zog alle Zapfen heraus, es floß und es rauschte um mich herum, heraus aus der Wand, ein herrliches Schauspiel; ich brachte alles zum Schwimmen in dieser Zeit, in der ich das Schwungrad erfand und das gleitende Glas und den Schnee vor dem Fenster, und alle Flüsse und Seen in meiner Umgebung bedeckten sich plötzlich mit Eis, auf all diese schwarzen Flächen fiel Schnee, und zwar ein von mir erzeugter, durch meine Erfindung erzeugter Schnee. Das war mein gewöhnliches Leben, ich rede nicht gerne davon, ich betrachtete dieses Spiel meiner Erfindungslust, die anscheinend unbegrenzt war, wie man sagt, grenzenlos, zügellos, folgenlos, ich blies meinen Atem gegen das Fenster und schaute hinaus, und einen Moment lang war ich zufrieden mit allem. Ich hatte inzwischen so großes Aufsehen erregt, daß einige Fremde sich dazu entschlossen, mir ihre Freundschaft anzubieten; ich jedoch winkte ab, und nachdem ich mich mit der Entdeckung der Kälte beschäftigt hatte, ging ich zu angenehmeren Daseinsbedingungen über, schon um zu sehen, was eine Erhöhung der Temperaturen für Folgen hat. Zunächst einmal konnte ich feste in flüssige Körper verwandeln, ein Vorgang, den ich als Schmelzen bezeichnet habe, als Schmelzen. Und nebenbei, ganz am Rande, entwickelte ich eine Vorrichtung zum Schießen, einen Revolver mit einer Lampe: durch einen Druck auf den Drücker leuchtete eine Lampe auf, so daß man beim Lampenschein zielen konnte, und später genoß man den Schutz der Dunkelheit. Zum Schluß, als mir nicht mehr viel einfiel, erfand ich noch einen Spazierstock und ging, ohne zu wissen wohin. Ich ging westwärts, die Straße hinab, durch die Regenwände hindurch, und kam in ein grünes prächtiges Land, wo ich zu singen begann; im Augenblick war mein Singen berühmt, und mein Name von nun an mit der Geschichte des Grammophons verbunden. Ich schleuderte meinen Spazierstock hoch in die Luft, wer hätte noch niemals auf einem Spaziergang das gleiche getan, doch die meisten denken sich nichts dabei, sie freuen sich allenfalls, wenn es ihnen gelingt, diesen Stock wieder aufzufangen. Bei mir war das anders, mir lag die Beobachtungsgabe im Blut, ich betrachtete alle Erscheinungen und dachte über die Ursachen nach. Warum fliegt dieser Stock nicht von selbst in die Luft? warum fliegt er nicht fort und davon? in die Wolken hinein? Mit diesen Gedanken ging ich dahin, bis ich an einen Punkt kam, wo es nicht weiterging, also kehrte ich um und verschwand aus der Gegend, man hörte sehr lange nichts mehr von mir.

5

Bei dieser Gelegenheit übersprang ich das nächste. Ich überspringe fast alles. Ich hatte Gulasch gegessen, Capone war plötzlich hinausgegangen aus diesem Lokal, durch das Schlachthofgelände, und später am Bahnhof vorbei, durch die Schnapsfabrik undsofort Koksfabrik Keksfabrik, das war am Anfang dieser Geschichte.

Am nächsten Tag geschah nichts. Zwei Tage vergingen und nichts geschah. Es vergingen drei Tage. Am vierten Tag sagte ich: wenn jetzt nichts geschieht, geschieht gar nichts mehr. Ich hatte ganz recht; in der folgenden Woche war nichts. Auf der Straße blieben die Leute stehen und sagten: Nein, es geschieht nichts. So war das.

Ein paar Jahre später kam Al Capone herein. Ich komme nur, sagte Capone, um abzusagen. In Wirklichkeit komme ich nicht; ich komme nur, um Ihnen zu sagen, daß ich nicht komme.

Ich sah einen Gegenstand, doch der Gegenstand war so klein, daß ich diesen Satz schnell beende. Dann bemerkte ich etwas in meiner Hand; es war, fand ich, ganz genau das, was ich brauchte. Ich klopfte darauf, das ist gut, sagte ich. Und was ist es? Ich weiß nicht, ich hab keine Ahnung. Abwechselnd Sonne und Wolken. Draußen sprangen die Leute in einem ganz plötzlichen Regenrauschen vorbei, mit geblähten Schirmen, zwischen Wassertürmen und Lagerhallen hindurch.

Dann hörte ich Stimmen, man sprach, und jemand rief schließlich: hier wird ja geschossen; es wurde tatsächlich geschossen, die Einzelheiten sind mir entfallen. Im allgemeinen blieb ich ganz ruhig. Ich sagte nicht viel, ich sah, wie Bugs Moran hereinkam, und hielt ihm ein Instrument entgegen, das man für einen Revolver halten konnte, aber er hielt es für keinen Revolver. Schon hatte ich eine Antwort auf meine Frage. Auf welche Frage? Ich habe die Frage vergessen. Ich drehte Bugs Moran herum und sah nur das Loch in der Stirn.

Die Schüsse schienen von draußen zu kommen. Ich hatte gerade ein Glas in der Hand und dachte: vielleicht ist es besser, wenn ich jetzt gehe; ich blieb noch ein bißchen, und jemand sagte: ich glaube, wir sind in Chicago, aber danach fragte jetzt keiner; und wieder kam jemand ins Zimmer, ich weiß nicht, Dutch Schultz oder Tony Lombardo; eigentlich wollte ich ein Gewitter beschreiben, doch das war kein Gewitter, das war etwas andres, nur kein Gewitter; es krachte, und jemand drehte sich um und fiel wortlos auf sein Gesicht. Das war Tony Lombardo.

Es ist besser, wenn ich jetzt gehe. Alle rissen die Fenster auf, und der Wind trieb die Regenschwaden herein, dann war alles voll Rauch, man sah wirklich nicht viel, und Cosmano schoß mitten hinein in die Nacht; irgendwo floß auch Blut heraus, und ich wußte nicht, wo es herausfloß, und Cosmano schoß in die Richtung, in der es schrie, und er schoß so lange, bis dieses Schreien aufhörte. Neben Cosmano lag weich wie ausgelaufen O'Banion; in einem Mauerloch sah ich den Körper Frank Lakes aus dem Westen stecken, schreiend preßte Dutch Schultz die Hände vor sein Gesicht, eine Kugel durchschlug seine Hände, Schemer Drucci legte sich hin und blieb liegen, ich sah, wie O'Donells Jackettstoff wegspritzte, und jetzt sank Colosimo um. Ich verschwinde hier lieber. Ich denke, ich gehe jetzt undsoweiter, ich werde jetzt gehen; ich ging bis zur Treppe, die zum Billardsaal führt; ich dachte, ich gehe jetzt weg, die Kugeln klatschten ganz sanft in die Wand, auch Cosmano bekam einen Schuß und beschloß, die Stadt zu verlassen.

Soviel vom Schießen.

Die Chryslers und Buicks in der Milton Street fingen jetzt an zu zerspritzen, die Packards und Chevrolets platzten, nur in Capones gepanzertem Cadillac war es ganz still. In der Dunkelheit war nur das Glühen seiner Zigarre zu sehen. Dann sah man im Fond Al Capone hinter den kugelsicheren Scheiben mit seinem Hut spielen; er drückte die Krempe nach oben: das war Al Capone, träumerisch mit der Zigarre im Mund. Ich hatte mit allen nichts mehr zu schaffen, mit Moran und Drucci, Cosmano, Lombardo, mit Dion O'Banion und Lake aus dem Westen. Ich begann mir Gedanken zu machen über den Bau eines Luftschiffs. Dann wischte ich alles ab, alles, was ich im Umkreis sah, wischte ich ab; ich zog meine Handschuhe an und kontrollierte den Sitz meines Mantels, vor allem jedoch meines Hutes, oder nur meines Hutes, denn einen Mantel trug ich zu dieser Zeit schon lange nicht mehr. Und eines Tages begann ich zu fliegen. Ich brachte das Luftschiff zum Steigen und schwebte davon. Die Luft war ganz weich, ich war schon verschwunden.

6

Ich bemerkte, wie sich das Luftschiff rasch bis in eine beträchtliche Höhe hob. Natürlich waren schon andere Leute vor mir rasch in die Luft gestiegen, aber ich schwebte sanfter und leichter hinauf als alle vorher. Ich erregte ein solches Aufsehen, daß die ganze Umgebung in Beifall ausbrach. Ich schwang mich über das Schwenken der Hüte empor; Hans Albers winkte mir zu. Mein Junge, sagte Hans Albers, wir dürfen uns beide nichts vormachen. Schon schob ich mich lautlos hinein in die Ferne. Im Juli, leicht schaukelnd, erreichte ich North Carolina. Ich sah, wie der Mond aufging und flog ein Stück mit dem Mond, während die Erde sich drehte, und zwar in entgegengesetzter Richtung.

Zwei Stunden später lag unter mir die Stadt Albany. Beim Himmel, ich hatte es gar nicht so eilig. Cleveland war überflogen; Franklin wurde in Staub gehüllt und zurückgelassen. Und als der Abend erschien, kamen die Spitzen Chicagos in Sicht. Ich fuhr kratzend zwischen die Häuser hinein, dicht an den Fenstern vorbei. Die Überraschung war gar nicht so groß, man hatte mich schon erwartet; man war erfreut über dieses Vorüberschweben. Manchmal schüttelten wir uns die Hände und wechselten einige Worte. Capones Leute mit Hüten und Händen in ihren Taschen standen am Rande der Oak Street, ganz unten.

Bald war ich unter dem Namen der *Herr der Lüfte* bekannt und genoß die Achtung der breitesten Kreise. Die Kunst, mich bequem in die Luft zu erheben und mich ganz gelassen darin zu bewegen, entwickelte ich bis zur höchsten Vollkommenheit.

Im September erreichte ich eine leuchtende Strandpromenade. Jetzt begann ich zu sinken, der Schwung war so schön, daß ich faltenlos raschelnd dahinwischte über den Sand, eine Treppe hinab, an den Sonnenschirmen vorbei. Die hier im Luxus lebende Welt sprang plötzlich aus ihrer Ruhe heraus und warf die Arme weit in die Luft, während ich wortlos dahinglitt, um schnell an die dampfenden Reste eines soeben verlassenen Frühstücks zu kommen, das auf einer Japanlackplatte nach Picknickart aufgestellt war.

Als ich mich wieder erhob, war es Nacht. Im November war ich zufrieden mit dieser Luft, sie war weich und geschwollen und ausgepolstert, wie diese Gondel, in der ich hing, im Nanking-Anzug; nein, ich beklagte mich nicht, sanft schaukelnd zigarrenhaft glitt ich dahin und überließ mich der Freude, ich gab mich der Lust hin und dem Genuß, sorgenlos, zügellos, ich stürzte mich in die Strudel des Luft- vergnügens, ich fuhr durch die Luftnatur, meine Neugier war groß, meine Auffassungsgabe gar nicht so übel, mein Forscherblut pochte. In einem einzigen schmerzlosen Rutsch umflog ich die Welt, lautlos reifenlos und propellerlos, ich durchfuhr die Zärtlichkeit dieser Luft, flüsternd, gedämpft, der Regen war unerheblich, ich schwamm über lampenglühende Städte und über ein schönes Rübenland, ich floß leicht dahin durch den Norden, der Wind, er fraß an der Küste. Ein Gewitter war nicht in Sicht, in der Abendkühle knallten die Korken.

Von Zeit zu Zeit rief ich hinunter. Ich flog über haarige Hügelrük- ken, über Teichaugen und Meerbusen und ausgebreitete Flußarme und weit in das schäumende Meer hineinleckende Landzungen, tief in das Meer hinein, und das Meer, es bäumte sich auf und keuchte und schrie. Und als ich mich umsah in dieser Gondel, sah ich zwei Damen, die sich seidig vom Sofa erhoben und ihre Haken lösten. Ich dachte nicht an Capone, obwohl er mir Feuer für meine Zigarre gab und seine Gamaschen aufknöpfte; er nannte sich jetzt Al Brown, doch das will nicht viel heißen. Rasch wurde die Welt umflogen. November Dezember, ich strich so dahin, der Himmel ganz still, und unter mir flogen die Hüte hinab, ein Hutschwarm, bedächtig, in einer riesigen Ruhe.

Dann sah ich zwei Damen, die sich seidig vom Sofa erhoben und ihre Haken lösten und knisternd die Strümpfe abstreiften. Ich schwamm über alles hinweg, über die größte Tiefe des Meeres und über die tiefste Einsenkung der zutage liegenden Erdoberfläche. Die Begegnung mit einem Ballon von birnenförmiger Gestalt Ende März verblüffte mich nicht. Im Juni sah ich zwei Damen sich seidig vom Sofa erheben und ihre Haken lösen und knisternd die Strümpfe abstreifen, raschelnd, die schwarzen Strümpfe natürlich, alles legten sie fort, um sich mir an den Hals zu werfen. Und als ich hinabsah, verschwand dieses Land, es drehte sich gurgelnd hinein in ein Loch. Und mein Luftschiff schwebt wie ein schöner Kuchen darüber hinweg. Ich verschleuderte meine Zukunft in einem Moment, meinen Ruf, meinen Ruhm, alles warf ich hinab. Und mein Schiff, einem großen Tropfen vergleichbar, floß am Himmel entlang, ohne hinunterzutropfen.

Eine großartige Schlußkadenz! Die vielleicht schönste, optimistischste Geschichte Ror Wolfs zur kindlich-männlichen Allmachtsphantasie einer Welterschaffung aus dem Nichts.

❙ Oberfläche.   Die Auflockerung der Oberfläche ist von Zeit zu Zeit angebracht.

❙ Ordnung: siehe *Unordnung*

❙ Ordnung im Zimmer.   Ordnung im Zimmer ist rasch herzustellen. Dazu dient das Spiel *Die Flut kommt*. Jeder Gegenstand, jedes Buch muß rasch an Ort und Stelle gebracht werden, damit die hereinbrechenden Wassermassen nicht alles hinwegspülen. Wie erfreulich, daß die Flut dann schließlich, wenn alles in Ordnung ist, doch nicht kommt.

| Pferdefehler. Mähnengrind, Aderkropf, Knieschwamm, Knollhuf, Dampfrinne, Blutspat, Karpfenrücken, Nasenausfluß, alter Weiberkopf und hängende Unterlippe sind Pferdefehler, auf die man beim Kauf zu achten hat.

| Politik. Es ist zuzugeben, daß die Politik leicht zu unliebsamen Auseinandersetzungen führt, wenn die Beteiligten einer politischen Konversation auf prinzipiell verschiedenen Standpunkten stehen. Da ist es dann besser, man meidet politische Gespräche. Im übrigen ist es aber nur zu loben, wenn politische Tagesfragen erörtert werden. Leute, welche meinen, um ein gebildeter Mensch zu sein, genüge es, die Klassiker zu kennen, bei Gesangvereinen mitzuwirken und ähnliches, gleichen den Hausfrauen, die sich nur mit dem Klavier beschäftigen, sich aber um das Hauswesen nicht kümmern.

| Qual. Die Qual beginnt mit dem qualligen Q, gefolgt vom kleinen geduckten U und von einem mit mäßig geöffnetem Mund gesprochenem, also ganz offenen armlangen A und schließlich vom L, einem gleitenden Zitterlaut, der durch das zarte Zurückbiegen, durch das einfache Anlegen der Zungenspitze an das hintere Zahnfleisch der Oberzähne erscheint; da ist es: das kleine quälende L.

»Ein Mann, es gibt mehrere Männer hier, Hunderte, Tausende wenn nicht noch mehr, aber dieser eine Mann, von dem ich jetzt spreche, dieser eine Mann ...« Ein Mann und seine Geschichte: Das halten wir, wie früher die Pantoffeln unterm Bett, für die natürlichste Sache der Welt. Die Personen in Ror Wolfs Sammlung sind jeweils in ein Gehäuse gesteckt, von dem bloß behauptet wird, es sei eine ›richtige Geschichte‹. Es zeigt sich, daß die ›richtigen Geschichten‹ das Unnatürlichste, Konstruierteste der Welt sind. Dem, der das verdeutlicht, vorzuwerfen, die Künstlichkeit gehe von ihm aus, ist die Regel.

Mehrere Männer   (1987)

(...)

Ein Mann fand, als man ihn mit der Aufklärung eines Hauseinsturzes beauftragt hatte, der damals breitere Kreise in Atem hielt, unter den Trümmern ein Bündel mit engbeschriebenen Papieren, die lange in einem feuchten Schreibtisch verschlossen gewesen waren. Während er die ersten Zeilen überflog, verfinsterte sich sein Gesicht. Augenblicklich entschloß er sich, sein Büro aufzusuchen, um dort die Lektüre fortzusetzen, wobei seine warme Stube und das hereingetragene Essen mitsamt dieser Frau, die es hereingetragen hatte, verschwanden; ebenso wie die ganze folgende Nacht, in deren Verlauf ein Gewitter und ein gewaltiges Regenfallen das Haus derart aus seinem Grund wusch, daß es schließlich zusammenstürzte.

(...)

Ein Mann, der sich für einen Bäcker ausgab, kräftig gebaut, vierzig Jahre alt, vielleicht aber auch älter war, trat unter dem Vorwand, ein Bier, und zwar ein sogenanntes Maß, zu trinken, in eine Wirtschaft hinein. Einen Anlaß, über ihn zu reden, gibt es nicht. Als er das Bier getrunken hatte, ging er schweigend hinaus und die Straße hinab, wo man ihn um eine Ecke biegen sah.

(...)

Ein Mann, sein Name war Mang, trat in ein Zimmer und sah einen Stuhl. Auf diesem Stuhl saß eine freundliche Frau. Er lachte und hob sie hoch, und den Stuhl, auf dem die Frau saß, hat er auch hochgehoben und auch das Brett, das die Frau in der Hand hielt. Auf dem Brett stand ein Teller, und den hat er ohne zu zögern mit hochgehoben. Und den Löffel, der in der dampfenden Suppe lag, hob er, ohne sich die geringsten Gedanken zu machen, ebenfalls hoch. Er hob alles hoch, was er sah. Seine Mutter hob er am Muttertag hoch und sagte: Ohne dich wär ich niemals der Meister geworden. Das war Mang, ein Mann.

(...)

Im Januar des vergangenen Jahres mietete ein Mann namens Hottwanger in Worms ein möbliertes Zimmer. Man beschrieb ihn als einen sauberen, sparsamen Menschen; er lebte still und suchte gelegentlich in den Vormittagsstunden eine passende Stelle im Park auf, von wo er die Caféhausmusik, die er zu schätzen schien, hören konnte. Zur gleichen Zeit saß im Caféhaus ein Mann namens Horn. Er sah Hottwanger vorübergehen, winkte ihm aber nicht zu, da er von Hottwanger nie etwas gehört hatte. Sogar der Name Hottwanger war ihm unbekannt.

(...)

Ein Mann hatte sich bei einem Spaziergang verlaufen. Man hat ihn niemals wieder gesehen.

(...)

Gestern fiel einem Mann eine Mark aus der Tasche. Die Münze rollte über den Boden und stürzte auf die Schienen hinab. Der Mann sprang hinter ihr her, direkt vor den einfahrenden Zug der Untergrundbahn. Das war achtzehn Uhr zehn in Berlin. Eine Stunde danach riß in Köln der Winter oder vielmehr der Wind einen Mann vom Dach eines Hauses. Er schlug mit dem Kopf auf die Straße und war sofort tot. Fast im gleichen Moment fuhr ein Maler in Marl mit seinem Motorrad gegen die Wand und war tot. Er hatte wegen des Regens den Kopf tief gesenkt und war tot. Es war ein durchaus nicht bedeutender Mann, er bot kaum Anlaß zum Nachdenken. Einen Augenblick später hatte ein Mann in Luzern einen Revolver in seiner Hand und schoß lachend auf Dachdecker. Nach einer Weile in Gaal, am nächsten Morgen in Gnutz, im folgenden Monat in Hüls, eines Nachts, eines Tages, ein frostiger Tag am Anfang des Jahres in Como.

(...)

Auf meiner Reise in den Osten Ugandas sah ich Anfang September einen einzelnen Mann stehen. Ich ging auf ihn zu und bemerkte, wie sich eine gewaltige Blattfläche so schwer herabzusenken begann, daß ich den Eindruck hatte, sie würde das ganze Land zerquetschen, also auch diesen Mann und natürlich auch mich. Zu meiner sehr großen Überraschung geschah aber nichts dergleichen; das schwere fleischige Blatt hing wie ein riesiger runder Löffel in der dampfenden Luft, tief ausgebogen, ein Löffel, mit dem man die ganze Welt hätte auslöffeln können. Der Wind bewegte sich nicht. Auch der Mann bewegte sich nicht; aber eines Tages, nachdem er mich lange angeschaut hatte, ging er doch. Sein Gang war allerdings nur ein weiches Fortschieben der Beine, seine Füße hoben sich nicht vom Boden, sondern wateten durch den Schlamm, der wie Fischlaich das Land überzog. Der Mann sollte später in dieser Gegend eine bedeutende Rolle spielen; tatsächlich aber kommt er in meinem Leben nie wieder vor.

(...)

Ein Mann, den wir sogleich als den jungen Goethe erkennen, sprang, Klopstocks Oden vor sich herrufend, an einem heiteren Frostmorgen aus dem Bett und schwebte auf dem Eise dahin. Der Vollmond trat aus den Wolken, und noch immer sah man die Bogenwendungen des tanzenden Dichters, das weiche Schwingen, die Würde des Gleitens. Wir überlassen uns damit, ruft man uns zu, spielend der Täuschung, als eile die Landschaft davon unter unseren Füßen und über uns schäume die Welt. Natürlich sind das nicht Goethes Worte, sondern die Worte Schröders; sie entstammen der Vorstellungskraft des betreffenden Mannes, der es für klug hält, von nun an zu schweigen.

(...)

Ein Mann, es gibt mehrere Männer hier, Hunderte, Tausende, wenn nicht noch mehr, aber dieser eine Mann, von dem ich jetzt spreche, dieser eine Mann, der selbst offenbar wenig Freude daran hat, daß ich ihn erwähne, hatte in seinem Gesicht etwas Bedrücktes, Herumgestoßenes, etwas Ungeliebtes. Er hantierte mit einer gewissen Zartheit an Retorten und Röhren, ergriff sie und hielt sie mit großer Sanftmut gegen das Licht, sein Gesicht hatte nun einen wartenden Ausdruck, einen Ausdruck feierlichster Geduld und Bescheidenheit. Seine Worte, die ich hier mit meinen Worten wiedergebe, seine Worte waren wie abgebissen; sie fielen einzeln heraus aus dem

Mund und dabei fielen sie ganz zerquetscht, ganz zerknackt heraus, haarlos, ganz naß. Man sah jetzt sein finster leuchtendes Gesicht, das auf die Wirkung der Worte zu warten schien. Er war freilich damals schon taub und hatte längst die Erinnerung an die große Gewalt der Töne verloren; es dauerte eine Weile, bis man verstand, was er sagte, und es wird eine Weile dauern, bis man versteht, was ich meine.

I Roman.   Für einen ziemlich geringen Preis können wir das Gespenst der Armut vertreiben und uns in die ideale Welt erheben; wir können uns leicht Erheiterung, Rührung, Erleuchtung, Läuterung, Trost, Bildung und Stärkung verschaffen; behauptet Klomm. Der Roman ist also, wenn ich Klomm recht verstehe, ein Vertreibungsmittel. Den Nachteil, den das Lesen von weichen Romanen auf Augen, Drüsen und auf das Gemüt hat, läßt er allerdings unbesprochen. Verwöhnt durch ihre bequeme Lektüre schrecken, sagt Lemm, Romanleser vor Büchern, die zu denken geben, zurück, überhaupt vor dem Denken. Zusammenfassend glaubt Lemm sagen zu können: *Das Romanlesen schadet nicht viel, aber es nützt auch nichts.* Ich mische mich in diesen Artikel über Vertreibungsmittel nicht ein.

Nachrichten aus der bewohnten Welt   (1991)

Gar nichts

Nach den mündlichen Mitteilungen eines Beobachters stieg ein Mann aus Metz in den Reisebus, um eine kleine Spazierfahrt zu unternehmen. Er wollte durchaus den Süden sehen und dort eine Gegend, die man ihm als die sehenswerteste Stelle des europäischen Kontinents beschrieben hatte. Anfangs vertrieb er sich die Zeit mit Hinausschauen; er sah den Dampf aus den Schlachthofhallen, die schweren Kuppeln der Hutfabrik und die Zipfel der Kathedrale; er sah dickes Obst und gedüngtes Gemüse, ein Fluß floß gekrümmt und geräuschlos vorüber. Was für ein wunderbares kurvenreiches Dahinrollen, sagte er in der Abendstille. Danach begann die Nacht. Der Mann hatte keine Furcht, denn im Schein des elektrischen Lichts sah er den Wasserturm vor dem mondlosen Himmel, das Stadttheater, brüllend und vom Vergnügen geschüttelt, die Nähmaschinenfabrik, ganz still. Er glitt durch den Glanz der Welt immer weiter nach Süden; es war ein schönes gepolstertes Fahren, bei dem er die Grobheiten und Enttäuschungen des gewöhnlichen Lebens vergaß. Das Leuchten gefiel ihm, das Strahlen der rasch vorbeigleitenden Ereignisse, das unablässige Funkeln zwischen Boppard und Bacharach, die schwach verschwimmenden Lichter, während der Morgen anbrach und der Tag verging und in aller Ruhe der Abend kam, ganz lautlos und nahezu windlos und wolkenlos; nur ein Gesang war zu hören, ein wirklich sehr ferner Gesang am Anfang des Herbstes, ein kurzes verdunkeltes Gurgeln, vielleicht auch ein unbedeutendes Plätschern, kein wirkliches Plätschern, eher vielleicht ein kleines verstopftes Röcheln oder nicht einmal das, ein bodenloses Versickern, sonst nichts. Die Leichen, die man aus dem mit Wasser gefüllten Autobus zog, wurden im Festsaal der Wirtschaft zur Goldenen Gerste nebeneinander naß auf die Tische gelegt. Das Wasser floß kalt aus den Kleidern. Der schwarze geschwollene Bauch des Busses war noch zwei Tage zu sehen, bis er verschwand. Aber wir streichen jetzt dieses Bild. Wir löschen es aus. Wir vergessen es. Der Bus, der eine Zeitlang ausgestreckt in der Luft lag, langsam und lautlos in einem unbegreiflichen Bogen schwebend, hatte sich sanft gedreht und mit dem Dach das Wasser berührt, die biegsame Oberfläche des Wassers; sie hatte sich leicht geöffnet und ihn mit einem einzigen Schluck verschlungen. Oder es war ein jahrelanges Versinken gewesen; ein jahrelanges Hineindringen in die Tiefe, ein atemloses riesenhaftes Hinuntertauchen, bei dem die Menschen schweigsam, wie angefroren, staunend auf ihren Sitzen saßen, sprachlos, lautlos, ahnungslos, natürlich auch hoffnungslos, bis sie langsam den Grund berührten. Nichts war zu hören, kein Knirschen, kein Knacken, kein scharfes Zerplatzen; es war vielmehr ein leichtes Zergehen, ein butterartiges Schmelzen, ein schmerzloses folgenloses Verschwinden, in einem beinahe unbeachteten Augenblick zwischen Lins und Enns, in der Abendruhe.

(...)

Nachrichten aus der bewohnten Welt
6

Ich hatte, wie der Leser vermuten wird, schon viel von der Welt gesehen, als mich im Januar wieder die Reiselust packte. Ich bestieg ein Schiff mit der Absicht, Amerika zu erreichen. Das Meer war zu dieser Zeit weich und ohne Schwellungen. Ich muß zugeben, daß ich noch nie eine solche Weichheit gesehen hatte, man hatte den Eindruck, jederzeit einfach und lautlos hinabsinken zu können, bis auf den Meeresgrund. Ich bekam auf dieser Fahrt nicht viel Neues zu hören. Im Gegenteil, ich begann mit der Zeit sogar vieles von dem zu vergessen, was ich früher erlebt und gesehen hatte. Zum Beispiel vergaß ich, wohin ich wollte und was ich dort wollte. Es war eine schlechte Zeit; aber dann kam die herrliche Nachricht, daß man am Horizont Land entdeckt hatte. Zufällig sah ich nach einiger Zeit New York. Ich verließ das Schiff, ich betrat diesen Kontinent und fing an zu laufen. Alle Menschen, an denen ich vorbeikam, versicherten mir, daß ich in Nord-Amerika sei; sie bestätigten also meine Behauptung, die andere Seite der Welt erreicht zu haben. Es dauerte gar nicht lange, schon lief ich über die Straßen Manhattans, wo mich ein Auto erfaßte und in die Höhe warf. Bisher ist alles vorübergegangen, dachte ich, als ich so durch die Luft flog; also wird wohl auch das vorübergehen.

Da lag ich also im großen New York, ein Forscher, Erfinder, Entdecker, der viele Sprachen sprach und die Kunst des Boxens beherrschte; ich war angekommen, ich wurde direkt an der Ecke der Park Avenue von einem Fahrzeug erfaßt und in die Höhe geschleudert, ich drehte mich durch die Luft und blieb auf dem Boden liegen. Dort lag ich drei Tage und Nächte mitten in dieser Stadt auf dem Trottoir, die Leute stiegen leicht über mich hinweg, ich hörte ihre Gespräche, die von allem handelten, nur nicht von mir; ich bemerkte, wie etwas Blut aus meinem Mund zu fließen begann, aber ich fühlte nicht viel, keinen Schmerz, kein Entsetzen, keine Verwunderung. Die Menschen, die über mich hinwegstiegen, bestanden aus festen und weichen Teilen, ich sah die beim Sprechen geöffneten Mundhöhlen, ich sah die Dunkelheit in den Hosenbeinen und die ungeheure Tiefe der schwingenden Röcke. Wenn der Wind blies, sah ich auch die Bewegung der Bäume entlang der verschneiten Straße, die Automobile rollten dahin und die düsteren Bahnen. Die Menschen gingen an mir vorbei und berührten mich mit den Spazierstockspitzen. Ein Mann, der mir aus reinem Zufall mit seinem Schuh auf die Brust trat, sah mich verwundert an und schlug mir im gleichen Moment seinen Stock auf den Kopf. Er zertrat meine Hand und schleifte mich an den Rand des Gebüschs, vor den Augen der Polizisten, die in ganz andere Richtungen sahen. Als ich wieder erwachte, war es schon Nacht, es hatte geschneit. Mein Blut war in den schwarzen knirschenden Schnee geflossen. Später, am Mittag des nächsten Tages, erwachte ich wieder, der Schnee war getaut und ich war der Ansicht, daß ich auf Grund meiner aufgespeicherten Kenntnisse, meiner Reiseerfahrungen und Reiseerlebnisse alle weiteren Schwierigkeiten überstehen könnte, und zwar mit Leichtigkeit und Gelassenheit; aber die elegantesten Wendungen meiner Gespräche erwiesen sich plötzlich als ungebräuchlich, man wollte mich nicht verstehen, ich lag auf dem Boden, ich fühlte mich fremd in Amerika und schrie, aber mein Schreien wurde vom Autoverkehr verschluckt. Jemand beugte sich kopfschüttelnd über mich und sagte: *was schreien Sie denn?* Dann wurde es wieder Abend. Im Laufe des nächsten Tages gelang es mir, auf den Gehsteig zu kriechen. Die Leute stiegen mit ihren Gesprächen geradewegs über mich hinweg. Aber alles das war im Grunde eine sehr fernliegende Handlung mit schwerverständlichen Bewegungen und unbegreiflichen Absichten.

In der Nacht sah ich oben, weit über mir, in der Nähe des Mondes, einen elektrischen Raucher, der seinen beleuchteten Hut hob und senkte und flackernd den Dampf der Zigarre hinauf in die Höhe blies. Ich sah auch die kleinen festgewachsenen Tiere, diese am Boden festgewachsenen Tiere, die nur von Erde zu leben schienen oder von Körpern, die auf der Erde lagen; angewachsene, fußlose, ohne nennenswerte Bewegungserscheinungen fressende Tiere. Und im aufgegangenen Mond erschien ein im Dunkeln sich vollsaugendes schleimiges quallenartiges Wesen, es quoll über mich hinweg, etwas pflanzenhaft oder polypenhaft Wucherndes, schwammig, zuckend, alles zerquetschend, zitternd zerplatzend, und während ich schrie, floß es zusammen und kroch davon, mit einem blasenden Schnaufen in den Kanal hinab. Die Detektive und Polizisten gingen vorbei und schlugen mit ihren Knüppeln an die Hydranten. Der Rauch quoll leise aus Kellerluken und Straßenöffnungen, aus darmtiefen Abflußrohren, aus den Schächten und Schlünden herauf, aus dem ganzen schäumenden Inneren der Welt. Der Nebel lag wie ein nasses Tuch auf mir, dumpf und dick; und als ich so lag und vergaß, daß die Erde bewohnt ist, kam mir auf einmal der dunkle Gedanke, daß es nichts mehr zu sagen gab; daß ich sämtliche Worte, die möglich waren, bereits gesagt hatte.

Und etwas flog plötzlich tief über mich dahin; aber eigentlich war diese schwere Bewegung kein Fliegen, sondern eher ein schwarzes Wälzen, ein Kriechen durch die verfettete Luft, ein gewaltiges Kriechen und Brüllen, so tief, daß es fast mein Gesicht berührte, ein riesiger Körper, der zwischen den Häusern versank, zwischen den schwenkbaren Kränen, mit einem magischen Strahlen. Der Körper erschien, obwohl er gar nicht von mir erwartet wurde, aber auf solche unerwarteten Erscheinungen war ich gefaßt; ich nahm sie als völlig natürlich hin, ich nahm diese Sache so, als wäre es eben das Leben in Nord-Amerika, in Manhattan, an einer Ecke der Park Avenue, von Anfang bis Ende. Doch nun begann sich die Schwere in diesem Gebilde bemerkbar zu machen, es sank und verschwand breiartig träge im Boden, in einer schlammigen saugenden Tiefe. Ich sah in der folgenden Nacht die eiskalten Schenkel unter den Röcken der Damen, die über mich wehten, die Rocksäume, die mein Gesicht berührten. Ich sah überhaupt etwas wie die entsetzliche Kälte oder die Kühlheit von Schenkeln, nachts; ich war eingeschlafen und fühlte, wie sich mit einem Mal eine Dame auf mein Gesicht gesetzt hatte, aber als ich erwachte, war es gar keine Dame, ich wurde von nächtlichen Tieren beleckt und benäßt, die aus dem Gulli gekrochen waren, aus den feuchten Vertiefungen der bewohnten Welt.

Ich fand überhaupt, es war alles sehr naß und sehr kalt, vielleicht lag ich ja in der Nähe des Meeres, unter der Hochbahnbrücke, unter dem Donnern der Züge. Ich richtete mich in dieser Umgebung ein, zwischen Behältern, Kanistern und Flaschen, Konservenbüchsen, Kübeln und Kesseln, Kartons und verwitterten Koffern, Säcken und platzend gefüllten Tüten, ich kroch eine Zeitlang in einen Koffer hinein, in einen Überseekoffer, wo ich die großen Vorzüge der Einsamkeit genoß. Zu essen fand ich genug in der Kälte der dampfenden Abfallhaufen. Ich beobachtete aufmerksam die Verwandlung meines Körpers in eine wundgeriebene speckartig schmelzende Masse, und es verwirrte mich nicht. Ich faulte ganz langsam in den Boden Manhattans hinein. Noch immer sickerte Blut aus mir heraus, oder vielleicht war es rote Milch, wie aus entzündeten Eutern herausgemolkene rötliche Milch. Überall wuchsen kartoffelkeimartige bleiche nächtliche Pflanzen aus den gefrorenen Gehsteigplatten oder aus meinem Mund; das Bedürfnis des Atemschöpfens wurde erheblich stärker, da mir die Hunde mit ihren Schnauzen die Luft wegatmeten, bevor sie übereinandersprangen und sich winselnd zu paaren begannen.

In dieser Nacht klappte ich einen eisernen Deckel auf und verschwand in der Tiefe. Ich kroch erschöpft hinunter in den Kanal und führte ein Leben im Liegen. Auf meinen Kleidern rutschend kroch ich ganz langsam auf dem gefrorenen Abfall entlang durch ein verzweigtes System von Kanälen, bis ich an eine Stelle kam, wo ich mich setzen konnte. Aber natürlich war auch das Sitzen eine sehr unangenehme Lage und auf die Dauer kaum zu ertragen. Ich hackte ein Loch in den Schlamm und schob meine Füße hinein. Sie erstarrten nach kurzer Zeit; also zog ich sie wieder heraus, die Schuhe waren mir längst von den Beinen gefallen. Dazu kam, daß ich mich nicht an der kalten gewölbten Tunnelwand anlehnen konnte; ich saß, in die Hände blasend, mit vorgebeugtem Kopf, gelegentlich flossen die Abwässer gärend vorbei, der Schlamm wurde weicher, es wurde wärmer, das Wetter schlug um. Ich hatte die Kleidungsstücke übereinandergezogen, die ich gefunden hatte, die Hemden, Pullover, die Jacken und Mäntel, mein angeschwollener Kopf war mit Tüchern umwickelt und mit einer dicken Mütze bedeckt. Am nächsten Morgen rollte ich aus der Tiefe hervor. Ich rollte sehr langsam, um in der Dämmerung keine Spuren zu übersehen, die wichtig waren für die Entwicklung des Folgenden. Mit New York hatte ich nichts mehr im Sinn. Ich war der Meinung, daß, nach allem was hier passiert war, es besser gewesen wäre, nicht durch New York zu gehen, sondern ein Stück an New York vorbei; es wäre besser gewesen, wenn ich New York in einem großen Bogen umgangen hätte. Und wenn ich darüber nachdenke, jetzt, eine Weile später, bin ich sogar der Meinung, daß ich mir den Besuch ganz Amerikas hätte ersparen können, den Besuch dieses ganzen Gebietes, New York und so weiter, Ohio, Kentucky, Montana, Nevada und Alabama. Aber so wie es aussah, kam der Gedanke zu spät. Es ist zwar nicht so, daß ich ernsthaft etwas gegen Manhattan hätte, vielleicht besuche ich später noch einmal New York, unter angenehmeren Umständen und bleibe so lange, wie es mir paßt. Ich werde versuchen, darüber nachzudenken, zwischen diesen von oben herunterwachsenden, aus dem Himmel wachsenden Häusern.

Dann kam der Moment, in dem ich zu schreien begann. Ich schrie nicht einfach aus Spaß; ich schrie, weil ein Mann neben mir stand und mit einem hölzernen Gegenstand auf mich einschlug, mit einem Schaufelstiel, während der Atem aus seinem Mund floß. Der Mann schlug und schlug und ich schrie und schrie und sah zur gleichen Zeit eine Zunge, eine riesige, aus dem Palast-Hotel hängende Zunge, beleuchtet, angestrahlt, mit einem kleinen grünen Tropfen in ihrer Mitte, im Zentrum der Zunge, der gleich herablaufen wird bis zur Spitze und danach womöglich herabtropfen wird in die Tiefe. Ich saß damals neben dem flackernden O der Leuchtreklame, neben dem brummenden oder zuweilen knallenden O des Bahnhofshotels von möglicherweise Buchs oder Grabs oder meinetwegen Manhattan, neben dem donnernden O; die Glühbirnen flatterten, pufften und platzten, während sich über, unter und neben mir die Automobile vorüberschoben.

In der folgenden Nacht konnte ich mich erheben. Ich klopfte mich ab, winkte ein Taxi heran und fuhr schnell davon.

Bei meiner Lieblingsgeschichte *Gar nichts* betört nicht nur das Hinschmel-
zen der Geschichte in den letzten Satz, es ist der Tonfall des Ganzen, der
das schreckliche Geschehen, wenn auch tödlich, in ein loreleyhaftes Wie-
genlied verwandelt.

Die Zigarren-Leuchtreklame aus der Passage der Titelgeschichte
durchmorst und durchblinkt kongenial die gesamten münchhausenreifen
Aufblähungen und Niederlagen des Erzählers.

I Schwerhörigkeit. Schwerhörige Leute sollten nicht vergessen,
daß es für ihre Umgebung kein Vergnügen ist, fortwährend mit lauter Stimme ihre Neugier zu befriedigen; sie mögen darum Geduld
und Freundlichkeit der Gesellschaft nicht mißbrauchen. Sie sollten
auch nicht mit ihrem Schicksal hadern und dankbar sein, daß ihnen
die herrliche Gabe des Augenlichts geblieben ist. Man bedenke
auch, daß so manches unangenehme häßliche Wort nicht in ihr Ohr
dringt, und sie dadurch allerlei Ärger enthoben sind. Und wie reichlich sind ihnen jene stillen Stunden geschenkt, nach denen so viele
Personen in unserer lärmenden Welt sich sehnen.

I Schwermut. Vor allem suche man die traurigen Gedanken zu ver-
scheuchen und sich heitere Gedanken zu verschaffen. Das Verweilen
in einer fröhlichen Gesellschaft ist sehr zu empfehlen. Siehe: *Frohsinn.*

I Seufzen. Das Seufzen besteht aus einem tiefen gedehnten Einat-
men und einem stoßweise schmerzlich klingenden Ausatmen. Es ist
häufig von einer entsagenden Gebärde, von einem insgesamt traurigen und gedrückten Benehmen begleitet.

Sterben. Mit dem Sterben stellt sich das Kühlwerden von Wangen, Händen und Füßen ein, eine bläuliche Verfärbung von Lippen, Ohren, Fingern und Zehen, ein Einsinken der Augen, ein spitzes Hervortreten der Nase, ein Röcheln auch Sterberasseln genannt, ein Ausbruch von kaltem Schweiß und eine Unruhe, ein Zupfen an der Bettdecke: der Mensch will fort, ein rasches Atmen. Die Worte verschwinden. Eine große Schwäche beginnt. Ist schließlich der Tod eingetreten, der an den Totenflecken, der Totenstarre, dem Erkalten des Körpers erkannt wird, werden die Augenlider wenn nötig mit einem Geldstück derart beschwert, daß diese sich an den Wimpernrand lehnen. Den Mund schließt man dadurch, daß ein geeigneter Gegenstand, eine Schachtel, ein dickes Hölzchen, ein steif eingebundenes Buch, zwischen Brust und Kinn gesperrt wird. Durch dieses Vorgehen ist es möglich, den natürlichen Gesichtsausdruck zu erhalten. Nach zwei bis drei Stunden kann man Geldstück und Kinnstütze entfernen, ihr Zweck ist erfüllt. Man dreht nun den Kopf auf dem Kissen etwas zur Seite, wodurch der Eindruck des Starren und Steifen gemildert wird und bringt die Hände in eine passende Lage.

Stört es Sie, wenn man Ihre Kurz- und Kürzesttexte »beliebig« nennt?

Ja, es stört mich, aber ich muß es ertragen. Wer immer das sagt, sollte die Geschichten genauer lesen.

Es heißt, Ihre Geschichten bestünden nur aus Geblödel.

Ich ärgere mich womöglich über das Wort »Blödelei« genauso wie über das Wort »beliebig«. Wenn wir das jetzt zusammensetzen und sagen, er macht beliebige Blödeleien, dann wäre es die gröbste Beleidigung. Meine Erzählweise ist die des Tragikomischen. Es ist wesentlich das, was ich zu machen beabsichtige. Beim Lesen ergibt sich die Frage, soll ich nun lachen oder ist es doch eigentlich mehr melancholisch? Wenn man mich für einen tragikomischen Autor hält, ist man auf dem richtigen Weg.

Haben Sie Schwierigkeiten, sich gattungskonform zu verhalten?

Als Autor hat man das Recht, an dem Punkt weiterzuarbeiten, an dem man aufgehört hat zu lesen. Ich bin, bevor ich Autor wurde, Leser gewesen. Meine Lieblingsautoren waren solche, die nicht gattungskonform gearbeitet haben.

Welche?

Sicher Kafka, Robert Walser, Proust, Joyce, Dylan Thomas, Arno Schmidt. Auch Rabelais, Gryphius. Ich verhalte mich nicht gattungskonform, weil ich das schreiben will, was ich schreiben möchte. Ich meine nicht das konventionelle realistische Erzählen, sondern ich meine eine Gattung, die auch eine klassische Tradition hat; zurückreichend bis ins Barock.

In ihren Geschichten stößt der Leser auf »offene Fragen« und »Mutmaßungen«. Warum wird Ror Wolf in seiner Prosa nie konkret?

Eigentlich gibt es nur Konkretes in meinen Texten. Wenn Fragen nicht beantwortet werden, die der Leser beantwortet haben möchte, dann ist es nur ein Stück der Wahrheit, denn die Wirklichkeit läßt sich nicht einfach in einer Geschichte beantworten. Es gibt die offenbleibende Frage, die Unschärfe.

Auch als Kalkül des Erzählens?

Als Quintessenz des Erzählens. Ich bin mir im klaren darüber, daß ich nicht für jeden produziere. Es gibt für Leser eine Million Möglichkeiten, Bücher zu lesen. Wenn man meine Bücher nicht mag, soll man andere lesen.

Sie machen es dem Leser aber auch nicht gerade einfach.

Ich will es ihm nicht leichter machen, als es uns die Welt macht. Ich bin mittlerweile der Meinung, daß die Arbeit zu schreiben – nicht nur von mir, auch von anderen – viel leichter verständlich ist als vieles, was im Kostüm des realistischen Erzählens daherkommt. Es ist nur unmittelbarer, direkter. Die meisten Leser wollen eine schematische Wirklichkeit.

Was wäre Ihr literarisches Ideal?

Ich möchte versuchen, vollkommene Prosa zu schreiben. Das ist nur ein Versuch. Das kann nie ganz glücklich ausgehen, weil die sogenannte Vollkommenheit etwas nahezu Unerreichbares ist. Aber es geht um eine ganz hohe selbstgemachte Qualität. Man hat Vorbilder, deren Qualität man erreichen will. Mein literarisches Ideal wäre, diesen Vorbildern etwas näher zu kommen.

WERNER LEWERENZ
KIELER NACHRICHTEN, 8.6.1993

ǀ Tiefe. Was die Tiefe betrifft, so übersteigt die Tiefe alle unsere bisherigen Vorstellungen.

ǀ Tierversuche. Die Tiere werden im lebenden Zustand zerstochen zerschnitten zersägt aufgeschlitzt verbrüht in Terpentin getaucht und dann angezündet. Man bohrt ihnen den Schädel an, dann wird das Gehirn abgetragen oder mit kochendem Wasser herausgespült, man läßt sie Nadeln verschlucken, verstopft Luftröhren mit Stöpseln, gießt Schwefelsäure in ihren Magen, füllt ihre Adern mit Sand, zieht Drähte durch ihre Augen und impft sie mit Fäulnisstoffen und Leichengiften: Hunde Katzen Kaninchen Frösche Vögel und Pferde. Der Pariser Professor Klomm stach seinem Hund die Augen aus und zerstörte die Hörorgane, um zu erfahren, ob ihm der Hund noch die Hände leckt. Professor Schott konstruierte unter sehr großem Kopfzerbrechen einen Ofen, in dem er Kaninchen lebendig backen ließ. Magendie belustigte sich damit, Nadeln in Taubengehirne zu spießen. Professor Förster schleuderte Hunde in Heidelberg auf einer Drehscheibe so lange herum, bis er in ihnen Blödsinn erzeugte. Minkowski zog Hunden die Haut ab, wickelte sie in Watte und fand, daß sie weiterlebten. Professor Mangazza, der eine Maschine erfunden hat, mit der man alle Teile der Tiere zermalmen kann, hebt hervor, daß seine Versuche mit größtem Vergnügen gemacht worden seien, mit größter Erregung, mit großem Genuß. Er schnitt einem Hund die Haut auf und schlug sie zurück, so daß er die Sehnen wie die Saiten eines Streichinstruments mit einer Zange berühren konnte; und jeder Berührung folgte ein Schreien, das an den Ton einer Violine erinnerte. Die Hunde werden, sagt Klomm, mit Öl übergossen und angezündet und langsam zu Tode gebacken, die Knochen werden im Leibe zersägt, man läßt sie in Eisbehältern erstarren und schneidet beliebige Stücke aus ihrem Körper, durchschneidet die Stimmbänder, damit die Nachbarschaft nicht gestört wird, man näht sie zusammen und läßt sie laufen. Dort verschwinden sie in der Steppe, zusammengenäht.

I Tod. Wir haben uns überzeugt, daß es gar nicht so fürchterlich ist mit dem Tod: ein einfaches Einschlafen, ein langsames Vergehen, ein Abkühlen bis zur Todeskälte, ein vollständiges Ruhigwerden. Weiter nichts.

I Töne. Der Fisch folgt entzückt dem Schiff, von dem Musik herabklingt. Der Seehund erscheint an der Oberfläche des Wassers, wenn der Fischer leise und klangvoll pfeift. Das Reitpferd wiehert beim Schmettern der hellen Trompeten. Der Bär erhebt sich beim Ton der Flöte. Der Elefant bewegt seine Beine anmutig und unterscheidet schmelzende Arien von kräftigen Märschen. Der Hund heult beim Gesang der Hausfrau und bei den Tönen aus Blaswerkzeugen. Noch auffallender verhält sich die großohrige Fledermaus, wenn sie in die Musik gerät, sie zuckt mit den Gliedern, starke Töne sind ihr entsetzlich. Die Katze hört das Geräusch, das die Maus beim Laufen verursacht und hält es für eine wunderbare Musik, sie kann das Tanzen der Maus vom Rascheln des Windes leicht unterscheiden. Alle genannten Tiere lieben Musik, doch keines von ihnen gibt eine angenehme Folge von Tönen von sich, die *wir* für Musik halten könnten; dennoch: wir lieben die Tiere, das Meer, den Tanz und die Töne.

I Unglückliche Zufälle. Unglückliche Zufälle, wie man sie in früherer Zeit oft beobachtet hat, kommen heute nur selten vor. Wir sind überzeugt, daß dadurch manches Leben gerettet wird; allerdings läßt sich darüber nichts für alle Fälle Bestimmtes angeben.

I Unordnung: siehe *Ordnung*

Die Parallelität der ersten drei Texte (im streng informativen Tonfall für Erhebliches wie Unerhebliches) zu sogenannten ›Vermischten Nachrichten‹ ist eklatant. Man spürt die Versuchung, sich zukünftig die auf der letzten Zeitungsseite gemeldeten Unfälle und Kuriositäten in der Wolfschen Version vorzustellen. Das würde sie, wie auch immer, humaner, wenn auch nicht gefühlvoller machen.

Zum Schluß kommt noch einmal der große, der gewöhnlichen Weltkahlheit ins Reich phantastischer Bilder und Wörter entfliehende Schwadroneur zu Wort, der in London, als er aus dem Hotel tritt, ein Geräusch hört »als würde man ein gewaltiges Weißbrot in der Luft auseinanderbrechen«.

Zwei oder drei Jahre später   (2007)

Verschiedene Möglichkeiten, die Ruhe zu verlieren

Ein Mann, ein Kellner aus Köln, kam eines Tages in die Praxis eines Ohrenarztes. Er hatte sich eine Bohne ins Ohr gesteckt und konnte sie nicht mehr herausbekommen. Der Doktor entfernte die Bohne und verlangte für diese Behandlung dreißig Mark. Der Kellner hatte aber nur fünfundzwanzig dabei. Darauf nahm der Doktor die Bohne, stopfte sie dem Kellner wieder ins Ohr und setzte ihn vor die Tür. Ein anderer Mann, ein Schaufensterdekorateur aus Berlin, dekorierte am Abend die Schaufenster der Bettenabteilung. Plötzlich griff er sich an die Brust, brach lautlos zusammen und fiel auf eines der frischbezogenen Betten. Dort lag er drei Tage, und niemand bemerkte es. Seine Kollegen dachten, er sei in die Ferien gefahren, die Passanten hielten den Toten für eine Schaufensterpuppe.

Ein dritter Mann, ein Vertreter aus Denver, fuhr in seinem schwarzen Chrysler durch Arizona, und zwar durch die hübsche Stadt Phoenix, dort hörte er plötzlich Schreie durch das geöffnete Wagenfenster. Er war der Ansicht, einen Mann überfahren zu haben, fand aber keinen Verletzten. Das Schreien hörte nicht auf, es kam, wie der Vertreter schließlich bemerkte, aus der Tiefe der Kanalisation. Ein Polizist erschien und fand einen Straßenarbeiter, der vor vier Tagen durch ein Loch in das Tunnelsystem gefallen war. Er stand verwirrt und ausgehungert im Schlamm und fragte immer wieder nach Milch und nach Kuchen. Das ist noch nicht alles. Ein vierter Mann, ein Berufsberater aus Mönchengladbach, machte eine Ferienreise nach Neukaledonien, dort unternahm er einen Ausflug aufs Meer, um in die Tiefe zu tauchen. Als er nach einer Weile wieder an der Oberfläche erschien, war der Dampfer, der ihn an diese Stelle der Welt gebracht hatte, verschwunden. Man hatte den Mann, den Berufsberater aus Mönchengladbach, im Pazifischen Ozean vergessen. Er begann, als ihm die Lage bewußt wurde, zu rufen, er rief und rief, aber seine Worte wurden von einem gerade aufkommenden Sturm davongeblasen.

Gelächter

In Bitsch wohnte ein netter, aber etwas ungehobelter Mann. Eines Tages lernte er eine Frau kennen. In der Dämmerung, als die Sonne hinter die Berge sank, hörte man plötzlich ein Lachen. Am Morgen, am Mittag hörte man wieder ein Lachen, nur etwas lauter. Ich werde niemals die folgende Nacht vergessen, die ich in Bitsch verbrachte. Ich hörte es lachen, und dieses nächtliche Lachen war von einer solchen entsetzlichen Stärke, daß ich ans Fenster trat und hinauszuschauen begann. Da sah ich den Mann aus Bitsch. Er saß in einer Ecke der Welt und sperrte so weit er konnte den Mund auf. Das sah gefährlich aus, hatte aber nicht viel zu bedeuten. Ein heiseres Blasen deutete auf eine große innere Erregung hin. Das ist aber ganz unbedeutend und kaum der Erwähnung wert. Ich erinnere mich, daß ich etwas hinabrief: Was gibt es zu lachen, rief ich, ich muß aber zugeben, daß mir die Antwort ganz gleichgültig war. Deshalb werden wir diesen Mann aus Bitsch jetzt für einige Zeit aus den Augen verlieren und uns mit einem anderen Mann befassen.

Ein ungefähr 40jähriger Mann

Ein ungefähr 40jähriger Mann aus Olm war am Montag in Ulm unterwegs, wo er von einem ungefähr 30jährigen Mann, der ihm entgegenkam, mit einer Flasche auf den Kopf geschlagen wurde. Der Schlag erfolgte ohne ersichtlichen Grund. Der eine kannte den anderen, der sich entfernte, den in der Nähe gelegenen Bahnhof betrat, in einen wartenden Schnellzug stieg und nach Elm fuhr, nicht. In Elm, einem Luftkurort am Fuße des Tschingelbergs, in dem auch Schiefer gebrochen wird, bestieg einer von beiden den Rotstock, und zwar über den Panixer Paß bis in die Nähe der Alm. Es war ein leichter und lohnender Aufstieg, über den er in seinen Aufzeichnungen, die man später neben ihm unter dem Schnee fand, ausführlich berichtet hat.

Die neunundvierzigste Ausschweifung
7. Ankunft, Aufbruch und Verschwinden
Im Frühjahr erreichten wir Montevideo. Ich drückte dem Kapitän die Hand und ging. Ich ging von Bord und war eine Weile als Last-

wagenfahrer beschäftigt. Im Frühjahr erreichten wir Casablanca. Ich verließ das Schiff mützeschwingend und verdiente mein Geld als Erdarbeiter im marokkanischen Lehm. Im Frühjahr erreichten wir Valparaiso. Ich ging an Land und wurde Schaufensterputzer. Im Frühjahr legte das Schiff in Hongkong an, die Besatzung zerstreute sich, ich verschwand im Innern der Stadt und wurde Gepäckträger. Im Frühjahr erreichten wir Rio, Bilbao, Bombay, Brisbane, Kapstadt, Porto Alegre. Ich verabschiedete mich vom Rest der Mannschaft und wurde Suppenkoch, Heizer und Eisenbieger, Türsteher in einem Vergnügungsetablissement, aber nur kurz, nur eine Nacht, und zwei Nächte Zeitungsverkäufer und etwa dreißig Minuten lang Ringkämpfer. Im Frühjahr betrat ich den festen Boden von Nordamerika. Wir hatten New York erreicht, wo ich an Land ging und in der Menschenmenge verschwand.

In Halifax trat ich als Alleinunterhalter auf, übrigens ohne nennenswerten Erfolg; das Publikum achtete nicht auf mich, zahlte und ging. In London, im Nebel, stand ich an einem kleinen Tisch auf dem Wochenmarkt und verkaufte ein Reinigungsmittel. Aber niemand blieb stehen. Niemand hörte mir zu. Ich redete zwischen den Gemüseständen vor mich hin, während ich mit kreisenden Bewegungen an rostigen Herdplatten rieb, an verkrusteten Pfannen und Töpfen. Manchmal hob ich die Stimme und hörte dann die Kernstellen meiner Rede: hartnäckigster Schmutz, hörte ich, aber auch Wasserränder, im Handumdrehen, keine Rückstände, meine Damen und Herren. Ich sah dabei nicht auf meine Bewegungen und nicht auf die Platten und Töpfe, ich schaute nicht in die Gesichter der Vorübergehenden, sondern starrte hinein in den Nebel. Mit jeder Woche wurden die Töpfe dunkler und die Herdplatten schwärzer, doch ich rieb und polierte weiter. Das war auf dem Wochenmarkt, ich glaube in London oder Le Havre.

Als wir in Melbourne anlegten, im Frühjahr, sprang ich erwartungsvoll das Fallreep hinab und mischte mich unter die Leute. Ich ging eine Weile dahin, bis der Abend kam, im Frühjahr, im Jahre vierundsechzig. In einem kleinen Hotel legte ich mich eine Weile aufs Bett, in Melbourne oder an einer ganz anderen Stelle. Der Donner knarrte in der Ferne. Es kam eine Zeit, in der ich mich dick und warm anziehen mußte, um nicht zu frieren. Ich wußte von früher, daß man diese Zeit Winter zu nennen pflegt: Winter. Und ich erinnere mich auch, daß im Winter vierundsechzig viel Schnee herabfiel, in dieser Zeit, die man Winter nennt. Danach wurde ich Zeitungsverkäufer, bis mich die hereinbrechende Dunkelheit veranlaßte, mein Hotel aufzusuchen. Ich schaute hinauf zum freundlichen Mond. Plötzlich kam mir ein neuer Gedanke, den ich sogleich notierte.

Ich hatte gerade damit begonnen, meine Aufzeichnungen für wichtig zu halten, für bedeutend, für unvermeidlich, da kam mir noch ein Gedanke. War das tatsächlich Melbourne, wo ich in einem kleinen Hotel erwachte, aufstand und fortging? Melbourne? Ich wurde nachdenklich. Ich bestieg auf dem Höhepunkt dieser Nachdenklichkeit einen Bus und fuhr los. Ich glaube, Sie möchten wissen, wo ich mich jetzt befinde, sagte ich zu dem Mann, der neben mir saß. Ich möchte sogar behaupten, daß Sie gern wissen möchten, wer ich bin. Aber der Mann hatte keinen Geschmack an einem Gespräch, er blätterte in einer Zeitung, er schaute zum Fenster hinaus, er hatte mit mir nichts zu tun. Dann hörte ich einen Schrei, bevor ich aus dieser Gegend verschwand.

Alles war kühl geworden und still. Ich bemerkte, daß dieser Bus mit großer Geschwindigkeit einen kleinen Hügel hinabflog. Ich wunderte mich, daß der Winter nicht kam, von dem ich gesprochen habe, der Schnee, das Eis und der Frost. Es blieb wie es war. Ich notierte: Es ändert sich nichts. Und auch später, nach dieser Eintragung, änderte sich nichts. Ich lief in den strömenden Regen hinein, unter tropfenden schweren Bäumen hindurch und wußte nicht, was ich denken sollte. Das war allerdings eine neue Entdeckung, die ich unbedingt aufschreiben mußte. Und ich mußte noch mehr aufschreiben.

Ich schrieb ein paar Zeilen über die fast vergessene Zeit vor diesem Ereignis. Eine heranwehende Erinnerung an ein Bootshaus in Kalifornien, an ein Fichtendickicht in Maine, an ein Strandgelände in Carolina, an die waschenden Wellen in Massachusetts. Schweigend tanzt eine schwarze bleiche Erscheinung über das schimmernde Parkett, sie tanzt durch die weiten Säle, durch die flatternden Flügeltüren, sie tanzt hinaus in die weiche Nacht von Missouri, sie ist ganz verschwirrt und tanzt die Terrassentreppen hinab in Texas oder in Tennessee, sie tanzt durch die Gänge in Minnesota und die Treppen hinab durch die Landschaft von West Virginia und durch die wiegenden Büsche von Illinois und wieder durch Säle und Säle und Säle, durch ungeheure Räume, deren Namen ich nicht behalten habe, über bestrahlte Plätze in Alabama und schweigend die breiten Treppen hinab in Pennsylvania.

Eine Dame im Bus, die hinter mir saß, machte sich Vorwürfe, daß sie in diese verlassene Gegend gefahren war. Ich habe es aufgeschrieben. Wir verbrachten eine gemeinsame Nacht in der Gegend von Tulsa. Dann erhoben wir uns und gingen in verschiedene Richtungen davon, mit der Absicht, uns niemals wiederzusehen. Ich erinnere mich kaum an das, was passiert war. Ich weiß nur: sie schrie, sie schrie plötzlich auf in diesem siebten Kapitel. Sie war, ich habe das aufgeschrieben, unter dem Mantel nahezu nackt und schrie. Ein weißer, ein wenig gewölbter Bauch, notierte ich, ich sah diese merkwürdig zuckenden Bewegungen, diese zwischen die Lippen gepreßte Zunge vor dem Schreien, ich sah ihre schwarzen Handschuhe, ihre schwarzen strumpfbandlosen Strümpfe, die spitzen langen Absätze ihrer Schuhe, und alles notierte ich, alles habe ich aufgeschrieben. Ihre Zungenspitze plötzlich kitzelnd an meinem Hals. Was ist jetzt? fragte sie. Es war nichts. Es war kaum zu spüren. Etwas spritzte aus mir heraus, etwas platzte also, das war ich, und etwas schrie, aber das war ich nicht, etwas bog sich zurück, etwas preßte die Lippen zusammen, während etwas aus mir herausspritzte.

Später machte ich eine neue Entdeckung. Ich war auf diese Entdeckung nicht vorbereitet, notierte sie aber dennoch und verlor die Notizen bereits in der folgenden Nacht.

Was ist das? fragte jemand.

Ich glaube, das ist ein Körper.

Ein Körper? Ein Körper, jawohl.

ǀ Verwirrung. Wer vollkommene Kenntnis der Formen und Festigkeit im Auftreten besitzt, kann nie in Verwirrung geraten. Wer sich erst einmal beunruhigt fühlt, mit dessen Geistesgegenwart ist es dann in der Regel vorbei, er begeht einen Fehler nach dem anderen und setzt sich der Gefahr aus, lächerlich zu erscheinen. Wir wollen nicht unterlassen, hier darauf hinzudeuten, daß Blödigkeit und Scheu durch Übung größtenteils beseitigt werden kann. Ohne hier von Turnkunst ausführlich sprechen zu wollen, halten wir es doch für geboten, deren großen Einfluß auf Haltung und Sicherheit zu betonen und auf ihren Nutzen für die Welt hinzuweisen.

| Verzagtheit. Sehr kleine Zähne, die undicht stehen, deuten auf große Verzagtheit hin, auf Furchtsamkeit und auf schwache Gesundheit; während Zähne, die durch ganz ungewöhnliche Größe auffallen, spitz sind und unregelmäßig hervorstehen, eine Stimmung verraten, die stets zur Abwehr bereit ist und Äußerungen verwendet, die schmerzhaft sind. Je mehr sich die Spitze des Zahnes der Oberfläche des Zahnfleisches nähert, umso deutlicher läßt der Blutdrang nach. Das Zahnfleisch wird plötzlich blaß, man kann es oft kaum erkennen, ob der Zahn tatsächlich schon aus dem Fleisch herauskommt. Das stört uns hier nicht. Durch Stoß oder Fall kann man Zähne verlieren. Von Zeit zu Zeit, namentlich bei kleinen Erkältungen, zeigt solch ein Zahn an der Wurzelspitze ein kleines blindes Geschwür; man muß ihm beim Kauen Ruhe gönnen, sonst kann er zerbrechen. Man hüte sich auch vor Schlägen, denn nicht bloß Zähne können zerschlagen werden, selbst der Kiefer, der Kopf, das Haus, die Stadt und die ganze weite zerbrechliche Welt.

| Wasserspiegel. Wir stehen am Ufer eines gewöhnlichen Teiches oder vielleicht am Rande des Meeres, des Ozeans, oder auch nur am Rande einer lautlosen Wassergrube, eines winzigen stillen Tümpels. Der Wasserspiegel liegt glatt und ruhig vor uns: eine dünne Haut, ganz straff gespannt, so straff, daß sie bei jeder Berührung zerreißen kann. Aber sie reißt nicht, wir machen uns keine Sorgen. Sie schimmert. Plötzlich wird diese hübsche mondscheinschimmernde Fläche belebt; ein sanfter Luftzug kräuselt vorübergehend den Spiegel mit kleinen Wellen. Ein kleiner wirklich ganz unbedeutender Wind kommt auf, und dieser Wind zaubert jetzt winzige Wellenbilder hervor: ein kleines Kräuseln, ein liebenswürdiges Zittern; es hat den Anschein, als ob sich das Wasser nicht darum kümmern würde, als ob es die Stöße des Windes nicht fürchtet und sich mit großem Behagen ausstreckt. Aber die Oberfläche zerplatzt jetzt ein wenig, das ist noch nicht alles, der Himmel hat sich bezogen, ein furchtbares Fauchen setzt ein, ein unvermutetes Blasen hinein in die Tiefe, und hier in der Dunkelheit der unteren Weltteile haben die Wellen nicht immer die schöne angenehm schweigende Rundung. Mit furchtbarer Wucht stößt etwas hinein, ein Sturm, charakterlos peitschend, ein Wälzen, sehr ernst und sehr schauerlich, ein Wühlen, ein furchtbares Pfeifen. Das Wasser wird auseinandergebrochen und in die Höhe gehoben, steil stürzen die Gipfel vorüber, von weißen schäumenden Kämmen gekrönt, Schiffe verzehrend und Menschen verschluckend. Und von den Windstößen, die aus den düsteren Gängen herauspfeifen, werden die Wellenköpfe vorwärtsgetrieben, so daß sie sich in einzelnen schäumenden Massen hart überschlagen. Das ist es, in dieser fahlen milchigen Beleuchtung, die hier herrscht, wie von einer Art Mond, der wie ein Pfropfen oben am Himmel sitzt und der, wenn man ihn nur herauszöge, eine ungeheure Wassermasse hereinströmen ließe, herab in die Tiefe, in den Tümpel hinein, vor dem wir stehen und staunen.

| Worte. Beim Zurückströmen durch die Luftwege hat die Atmungsluft eine wichtige ehrenvolle Arbeit zu leisten: sie muß die Sprechmühle treiben. Wenn wir nämlich die Luft nicht frei ausströmen lassen, sondern ihr an bestimmten Stellen durch Stimmbänder, Gaumen, Zunge und Lippen Engpässe oder kurzdauernde Verschlüsse entgegensetzen, so entstehen beim langsamen oder plötzlichen Durchtritt der Luft an diesen Stellen Geräusche, die wir Laute nennen. Diese Laute setzen wir nun zusammen zu Wörtern und Sätzen; es entstehen so durch das einfache Mittel von allenfalls fünfundzwanzig Lauten hundert Sprachen mit ihren ungeheuren Wortschwallen und Wortschätzen, die dem Reichtum aller Gedanken Ausdruck zu geben vermögen, vermittels einiger weniger Geräusche, die durch die Ausatmungsluft im Munde entstehen und die wir am Ende die Worte nennen: *die Worte*.

| Z. Mit dem Z ist das beendet, was der Leser vom Leben und von der Bedeutung der Wirklichkeit wissen muß. Ich habe das Z mit Bedacht ausführlich bearbeitet; denn das Verständnis für das Z erleichtert das Verständnis für das Ganze. Und noch etwas hat mich dazu getrieben, die tiefe, ausführliche Bewunderung für diesen endgültigen Buchstaben, der mir in vielen einsamen Stunden vertraut wurde, niederzuschreiben. Das Z ist nicht nur das Z. Das Z ist ein gewaltiger schmerzhafter Gegenstand, ein Zahn, ein Zwang, eine Zange, das Z ist zunächst eine Zunge, ein Zettel, auf dem die Zahl Zehn steht, ein Zuber, in dem zitternd die Zofe sitzt, zwölf Züge aus einer Zigarre, ein Zopf, ein Zipfel, ein Zapfen, ein ziemlich zerstörtes Zimmer und ein zerfressener Zeh, zumindest ein Zwirn, eine Zelle, zwei Zeilen, ein Zerren, ein zuckender Zacken, ein wunderba-

res Zerfließen, ein zerplatzter vielmehr ein zart zergehender Zustand und zuletzt ein zusammengedrückter Zylinder. Das Z ist sehr schön. Deswegen drängt es mich, noch schönere Worte für das Z zu suchen, um auch die anderen Menschen etwas von dieser Liebe zu einem Gegenstand fühlen zu lassen, den der verehrungswürdige Doktor Z. aus Zornheim so treffend in seiner wahren Bedeutung erfaßte, als er sein Lebenswerk mit den Worten schloß: *undsoweiter*.

Nachweise

Entdeckung hinter dem Haus, Mitteilungen aus dem Leben des Vaters, Auf und davon, Mehrere Männer
in: Ror Wolf, *Danke schön. Nichts zu danken*. Frankfurt am Main: Frankfurter Verlagsanstalt 1995. (Erstausgabe 1969/1987)

Die heiße Luft der Spiele
in: Ror Wolf, *Das nächste Spiel ist immer das schwerste*. Frankfurt am Main: Schöffling & Co. 2008. (Erstausgabe 1982)

Pilzer und Pelzer
in: Ror Wolf, *Die Gefährlichkeit der großen Ebene*. Frankfurt am Main: Frankfurter Verlagsanstalt 1992. (Erstausgabe 1967/1976)

Ror Wolf, *Fortsetzung des Berichts*. Frankfurt am Main: Frankfurter Verlagsanstalt 1992. (Erstausgabe 1964)

Gar nichts
in: Ror Wolf, *Nachrichten aus der bewohnten Welt*. Frankfurt am Main: Frankfurter Verlagsanstalt 1991.

Abgrund, Arbeit, Arbeiter, Darmmädchen, Dienstmädchen, Einbrechen im Eis, Erfolg, ausbleibender, Falschheit, Garderobe, Haut und Hose, Hirnzelt, Jugend, Körper, Körperbewegungen, Leichen, gefrorene, Meereslust, Mischlinge, Neues, Oberfläche, Ordnung im Zimmer, Politik, Schwerhörigkeit, Schwermut, Sterben, Tiefe, Tod, Unglückliche Zufälle, Unordnung, Verwirrung, Worte
in: Ror Wolf, *Raoul Tranchirers vielseitiger großer Ratschläger für alle Fälle der Welt*. Frankfurt am Main: Schöffling & Co. 1999. (Erstausgabe 1983)

Bergstürze, Geißelbeize, Heimweh, Pferdefehler
in: Ror Wolf, *Raoul Tranchirers Mitteilungen an Ratlose*. Zürich: Haffmans 1988.

Faulheit, Inneres, Lügen, Nichts, Ordnung, Qual, Seufzen, Tierversuche, Verzagtheit, Wasserspiegel, Z
in: Ror Wolf, *Raoul Tranchirers Welt- und Wirklichkeitslehre aus dem Reich des Fleisches, der Erde, der Luft, des Wassers und der Gefühle*. Gießen: Anabas 1990.

Brunft, Chinese, Denker, Gefühl, I, Kontinente, Mond, Roman, Töne
in: Ror Wolf, *Tranchirers letzte Gedanken über die Vermehrung der Lust und des Schreckens*. Gießen: Anabas 1994.

Ror Wolf, *Später kam wieder was anderes*. Frankfurt am Main: Schöffling & Co. 2007. (Erstausgabe 1975)

Verschiedene Möglichkeiten, die Ruhe zu verlieren, Gelächter, Ein ungefähr 40jähriger Mann, Die neunundvierzigste Ausschweifung
in: Ror Wolf, *Zwei oder drei Jahre später. Neunundvierzig Ausschweifungen*. Frankfurt am Main: Schöffling & Co. 2007.

Meine Voraussetzungen
in: Lothar Baier (Hrsg.), *Über Ror Wolf*. Frankfurt am Main: Suhrkamp 1972.

Werner Lewerenz / Ror Wolf; *Interview*; Kieler Nachrichten, 8. Juni 1993.

Inhaltsverzeichnis

Ror Wolf
Sein Werk bei Schöffling & Co.

Anfang & vorläufiges Ende
91 Ansichten über den Schriftsteller Ror Wolf

270 Seiten. Broschur.
ISBN 978-3-89561-314-2

Aussichten auf neue Erlebnisse
Moritaten, Balladen & andere Gedichte

216 Seiten. Leinen.
ISBN 978-3-89561-309-8

Danke schön. Nichts zu danken.
Geschichten
Mehrere Männer
*Sechsundachtzig ziemlich kurze Geschichten
und eine längere Reise*

272 Seiten. Leinen.
ISBN 978-3-89561-308-1

Das nächste Spiel ist immer das schwerste

Mit zahlreichen Abbildungen.
304 Seiten. Gebunden.
ISBN 978-3-89561-324-1

Die Gefährlichkeit der großen Ebene
Reise-Roman
Pilzer und Pelzer
Eine Abenteuerserie

360 Seiten. Leinen.
ISBN 978-3-89561-311-1

Fortsetzung des Berichts

296 Seiten. Leinen.
ISBN 978-3-89561-310-4

Leben und Tod des Kornettisten Bix Beiderbecke
aus Nord-Amerika
Radio-Reisen

Mit CD. 286 Seiten. Klappenbroschur.
ISBN 978-3-89561-317-3

Nachrichten aus der bewohnten Welt

288 Seiten. Leinen.
ISBN 978-3-89561-312-8

Pfeifers Reisen
Gedichte

264 Seiten. Leinen.
ISBN 978-3-89561-320-3

Vorzugsausgabe in fünfundsiebzig Exemplaren,
von Hand gebunden in nachtblaues Ziegenleder, von Ror Wolf
handsigniert und numeriert, in bezogenem Schuber.

264 Seiten. Leder.
ISBN 978-3-89561-322-7

Raoul Tranchirers Bemerkungen über die Stille
Prosa

Mit zahlreichen, zum Teil farbigen Collagen von Ror Wolf.
160 Seiten. Gebunden.
ISBN 978-3-89561-319-7

Raoul Tranchirers vielseitiger großer Ratschläger
für alle Fälle der Welt

Mit über 200 Abbildungen nach Collagen von Ror Wolf.
408 Seiten. Gebunden
ISBN 978-3-89561-315-9

Limitierte Vorzugsausgabe in 100 numerierten
und handsignierten Exemplaren.
Mit einer Original Collage des Autors als Beilage.
Ganzleder in bezogenem Schuber.

Mit über 200 Abbildungen nach Collagen von Ror Wolf.
408 Seiten. Leder.
ISBN 978-3-89561-316-6

Zwei oder drei Jahre später
Neunundvierzig Ausschweifungen

200 Seiten. Leinen.
ISBN 978-3-89561-321-0